HASTA QUE
LLEGUE A TI

HASTA QUE LLEGUE A TI

CORAZÓN GRANDE

Yudith Martinez

HASTA QUE LLEGUE A TI
CORAZÓN GRANDE

Puede hacer pedidos de libros de iUniverse en librerías o poniéndose en contacto con:

iUniverse
1663 Liberty Drive
Bloomington, IN 47403
www.iuniverse.com
844-349-9409

Cover Photo credit to: Thomas Schmuki Photography - Delray Beach Florida

ISBN: 978-1-6632-1088-3 (tapa blanda)
ISBN: 978-1-6632-1089-0 (libro electrónico)

Número de Control de la Biblioteca del Congreso: 2020920329

Información sobre impresión disponible en la última página.

Fecha de revisión de iUniverse: 12/09/2020

THANK YOU TO UNITED STATES TO GIVE ME THE
OPPORTUNITY TO LIVE IN THIS GREAT COUNTRY.
THANK YOU TO MY GRANDMA FOR LOOKING
AFTER ME FROM HEAVEN.
THANK YOU TO MY BEAUTIFUL DAUGHTERS FOR
LOVE ME LIKE I DO TO THEM.
THANK YOU TO MY MOM.
THANK YOU TO MY FATHER.
THANK YOU TO ALL MY FRIENDS.
THANK YOU TO DAY AND LAZARO FOR HELP ME
TO LOOK PERFECT ON THE COVER AND BEEN MY
FRIENDS.
THANK YOU FOR O ALL MY FRIENDS FROM
SWEDEN THEY KNOW HOW MUCH PAIN I HAD.
THANK YOU TO IUNIVERSE THAT YOU HELP ME
PUBLISHING THIS BOOK.
THANKS TO GOD.

GRACIAS A ESTADOS UNIDOS PARA DARME
LA OPORTUNIDAD DE VIVIR AQUÍ Y HACER
REALIDAD TODOS MIS SUEÑOS
GRACIAS A MI ABUELA POR CUIDARME DESDE EL
CIELO.
GRACIAS A MI MADRE.
GRACIAS A MI PADRE.
GRACIAS A MIS DOS HIJAS.
GRACIAS A DAY Y LACHY MIS ESTILISTAS Y
AMIGOS.
GRACIAS A TODOS MIS AMIGOS DE AQUÍ Y DE
SUECIA.
GRACIAS A IUNIVERSO PARA AYUDARME A
PUBLICAR ESTE LIBRO.
GRACIAS A DIOS.
GRACIAS A TODOS.

HOLA

HOY ESCRIBO SOBRE MI VIDA CREO QUE PARA ALGUNAS MUJERES DE ESTE MUNDO QUE ALLAN PASADO POR ALGO PARECIDO O PEOR QUE LO QUE LA VIDA ME A ECHO PASAR SERIA PARA ELLAS UN ALIVIO DE QUE POR MUCHO QUE SUFRAS O PASES DOLORES INSOSTENIBLES UN DIA CON MUCHA PASIENCIA PASARA Y LA VIDA CONTINUARA FELIZMENTE SI TE LO PROPONES Y LO HACES CON EL CORAZON. AQUÍ VA MI VIDA.

......AVECES LA VIDA NO TE TRAE BUENOS MOMENTOS, PERO CON EL TIEMPO VAS APRENDIENDO DE ELLA Y A PASARLOS COMO VALLAN LLEGANDO A TU VIDA Y CON MAS FUERZA CADA VEZ, DESDE EL COMIENZO DE MI HUMILDE VIDA POR LO QUE ME FUERON CONTANDO DESDE QUE NACI, MI ABUELA MADRE DE MI PADRE {DORA}ME CONTABA SIEMPRE QUE EL DIA QUE NACI FUE MUY ESPECIAL O SE PUEDE DECIR DIFERENTE, MI ABUELA QUE ESTABA ALLI CUANDO NACI ME DIJO QUE LA SALA DONDE NACI SE LLENO DE DOCTORES Y DE INVITADOS (RISAAS) COMO SI UVIERA NACIDO UNA ESTRELLA.

MI MADRE Y ABUELA ME CONTARON PORQUE?,NACI PESANDO 8.5 LIBRAS GRANDE Y LLENA DE PELOS LARGOS Y RISOS NEGROS BRILLANTES QUE IMPRESIONABAN A TODOS, MI PADRE ME DIJO QUE LE DIJERON LOS DEL HOSPITAL LAS ENFERMERAS Y LOS DOCTORES QUE YO HABIA SIDO UNA DE LAS NIÑAS MAS BELLAS QUE HABIAN NACIDO EN ESE TIEMPO EN MUCHO TIEMPO, SIENDO UNA RECIEN NACIDA NO ERA LO COMUN, POR LO QUE DICEN PARECIA QUE HABIA SALIDO DE UN SALON DE BELLEZA EN VEZ DE DENTRO DE UN VIENTRE DE UNA HUMILDE MUJER DE CAMPO, MI MADRE (DAYSI)TODO EL MUNDO SE PREGUNTABA COMO PODIA SER TAN BELLA, NACI UN 29 DE DICEMBRE DEL AÑO 1970 Y NACI BENDECIDA SOLIA DECIR MI ABUELA (RISAS)ABUELA SOLIA DECIRME A CADA RATO

QUE UNA DE LAS SEÑORAS QUE ESTABAN ALLI LE DIJO, ESA NIÑA SU NIETA NACIO CON UNA ESTRELLA …… NI ELLA NI YO NUNCA SUPIMOS PORQUE LO DIJO, PORQUE SIEMPRE HE PENSADO QUE NACI ESTRELLADA (RISAS)…………. HASTA AHORA CLARO..EN ESTE PAIS(USA) ME SIENTO ESTRELLA …..Y SIEMPRE ME SENTIRE ASI HASTA MIS ULTIMAS HORAS DE VIDA MI VIDA.

SI ESTAS LEYENDO ESTE LIBRO HOY ES PORQUE O ERES UNO DE LOS QUE INTENGRAN Y AS VIVIDO MI HISTORIA, FAMILA O SIMPEMENTE UN AMANTE DE LA LECTURA O TE GUTO EL COLOR DE LA PORTADA Y EL TITULO …(RISAS)… NUNCA PENSE QUE UN DIA COMO HOY SABADO MARZO 14,2020 ME ENCONTRARIA ESCRIBIENDO EL LIBRO DE MI VIDA Y LO QUE ME A PASADO, AHORA …CLARO CON MUCHO TIEMPO PARA ESCRIBIR YA QUE ESTAMOS EN MEDIO DE UNA CATASTROFE MUNDIAL. LA PANDEMIA COVID19 O CORONA VIRUS ES COMO LE LLAMAN.

YO MUJER SOÑADORA, TRABAJADORA DESDE EDAD MUY TEMPRANA, EN BUSQUEDA DEL AMOR Y LA FELICIDAD, SALUD, ABUNDANCIA EN BUSQUEDA DE TODAS LAS COSAS BUENAS QUE TE OFRECE LA VIDA.

HOY ESTOY DE CAMINO A HACER TODOS ESOS SUEÑOS REALIDAD, ALGUNOS YA SE AN HECHO REALIDAD Y AQUÍ SE LOS VOY A CONTAR.

VOY HACER, QUIERO Y SERE UNA MUJER DE ÉXITO, PRIMERO PORQUE ME LO MERESCO, SEGUNDO PORQUE LO QUIERO Y TERCERO PORQUE ME LO PROPUSE. I CAN, I WILL, I MOST.

TODO LO QUE EN MI VIDA ME E PROPUESTO LO E CUMPLIDO, GRACIAS A DIOS Y AL UNIVERSO QUE AHORA MAS QUE NUNCA LE DOY LAS GRACIAS POR TODO LA FUERZA QUE ME DA Y ME ENSEÑA CON SU MAGIA Y PODER, COMO DICE BOB PROCTOR ……EN SU LIBRO YOU WERE BORN RICH O EL LIBRO DE NAPOLION HILL, THINK

AND GROW RICH ....SON MIS PREFERIDOS ENTRE OTROS ESO ES ALGO QUE ME A ENSEÑADO LA VIDA, LEER .....Y APRENDER

CADA DIA ME LEVANTO Y ME ESFUERZO EN SER MEJOR PERSONA CONMIGO Y CON LOS DEMAS, MEDITACIONES, AFIRMACIONES AL UNIVERSO QUE ME ESTA ENSEÑANDO COMO PUEDO CAMBIAR LA MANERA DE VER LAS COSAS, EL DICHO QUE DICE CUANDO CAMBIAS LA MANERA DE VER LAS COSAS, LAS COSAS TOMAN LA MANERA COMO TU QUIERES VERLAS. VARIAS PERSONAS INCLUYENDO A MIS HIJAS QUE SON LO QUE MAS QUIERO Y POR LO QUE LUCHO Y ME INSPIRA CADA DIA VIVIR A TOPE (PICTURE 1)

FAMILIARES, AMIGOS, MI QUERIDA ABUELA QUE EN PAZ DESCANSE EN EL CIELO, TODOS EN SU MOMENTO ME DIERON LAS FUERZAS PARA SABER LEVANTARME DE LAS CAIDAS TAN DURAS QUE LA VIDA ME A DADO, Y ME SIGUEN APOYANDO Y DANDOME AMOR TODAVIA HOY, PORQUE TODAVIA ME FALTA UN POCO MAS PARA COMPLETAR TODO LO QUE ME E PROPUESTO EN MI VIDA Y SER COMPLETAMENTE FELIZ ...

AHORA PUEDO DECIR QUE LA SUERTE ME ACOMPAÑA DESDE QUE MIS PIES PISARON ESTE GRANDIOSO PAIS MI VIDA CAMBIO.........

Y TODAS ESAS PERSONAS QUE ME DIERON APOYO Y AMOR CUANDO MAS LO NECESITE.

MIEDO....... SI, E SENTIDO MUCHO MIEDO, PERO E SABIDO ENFRENTARLO CON VALENTIA, CORAJE, VOLUNTAD., EMOSIONES, SENTIMIENTOS, PENSAMIENTOS, FUERSAS PARA LUCHAR TODO LO QUE E SENTIDO EN ESTOS ULTIMOS AÑOS DE MI VIDA HASTA AHORA AN SIDO LOS MAS MARCADOS Y POR ELLO DECIDO PONERLO A LA VISTA DE TODOS, PARA QUE MUCHAS PERSONAS QUE ESTEN PASANDO POR ALGO PARECIDO QUE NUNCA PIENSEN QUE ES EL FINAL PORQUE NO LO ES, PUDIERA SER EL COMIENZO DE ALGO GRANDE DE LA FELICIDAD, SALUD, PAZ, ABUNDANCIA Y TRANQUILIDAD.

MI VIDA.
NACI EN CUBA EN PLENO REGIMEN COMUNISTA DE FIDEL CASTRO Y MI ABUELA FUE LA QUE ME CRIO

MI NIÑEZ .SI MI NIÑEZ FUE DURA PERO PASABLE ALGUNOS LA TIENEN PEORES LO SE, NO TUVE JUQUETES

COMO OTROS NIÑOS, SE REIAN DE MI EN EL COLEGIO Y ME DECIAN "PESCAO "MI ABUELA QUE FUE LA QUE ME CRIO ERAMOS MUY POBRES

VIVIAMOS COMO 8 EN UN PEQUEÑO APARTAMENTO MUY PEQUEÑO, TIOS, HIJOS DE MI ABUELA QUE ERAN SOLO UNOS AÑOS MAYORES QUE YO, TODA MI NIÑEZ FUE MUY POBRE TENIA SUEÑOS QUE SABIA QUE ALGUN DIA EN MI VIDA SE HARIAN REALIDAD, UNOS DE MIS SUEÑOS ENTONECES ERA SER ARTISTA.. A MIS 12 AÑOS SOLIA CANTAR EN EL ESPEJO Y ME DECIA A MI MISMA LO VOY HACER VOY HACER UNA ARTISTA, MI MADRE Y MI PADRASTO SE REIAN Y ME DECIAN LIMPIA MEJOR QUE DE ARTISTA NO TIENES NADA,(RISAS) SIMPRE ME ACUERDO.

YO NUNCA LES ESCUCHABA PORQUE SIEMPRE CREIA EN MI SEGUI CANTANDO MIS CANCIONES MIENTRAS LIMPIABA LA CASA PARA AYUDAR …

EN EL COLEGIO SUFRIA PORQUE TODOS SE REIAN DE MI LLAMANDOME Y GRITANDO POR LOS PASILLOS PESCAO, ME DECIAN ASI PORQUE YO TENIA LA MANIA DE CHUPARME EL DEDO GORDO DE MI MANO IZQUIERDA Y ASI DEFORME MIS DIENTES Y MIS LABIOS ENTONCES ELLOS DECIAN QUE ME PARECIA A UN PESCAO …. ME DOLIA VER A LOS CHICOS GUAPOS CON OTRAS CHICAS A MI NI ME MIRABAN, YO SOLO ERA EL ASME REIR DE TODOS, ME QUEDABA MIRANDOLOS A TODOS TAN GUAPOS Y TAN PERFECTOS CON MUCHA CLASE YO CASI SIEMPRE ESTABA CON ROPAS VIEJAS AUNQUE SIEMPRE MUY LIMPIAS PORQUE MI ABUELA AUNQUE LE TOCABA CRIAR MUCHOS A LA VEZ ELLA ERA MUY LIMPIA, TODA MI INFANCIA FUE ENTRE PELEAS DE FIN DE SEMAMAS DE MI ABUELO CON SUS HIJOS, ENTRE GOLPES GRITOS, MALTRATOS ENTRE ELLOS ASI CRECI, ESCONDIENDOME DEBAJO DE LA CAMA DE LA HABITACIÓN DONDE DORMIAMOS 5 Y ALLI TAPANDOME LOS OIDOS PASABA

LA HORA O AVECES MAS DE UNA HORA ESPERANDO A QUE SE CALMACE LA PELEA ENTRE ELLOS QUE AVECES TENIA QUE VENIR LAS AUTORIDADES A CALMARLOS .....

CUANDO ME HICE ADOLECENTE A LOS 16 AÑOS ME DI CUENTA QUE EL ESTUDIO O LA UNIVERSIDAD NO ERAN PARA MI. SOY MUY COQUETA Y TUVE MI PRIMER NOVIO A LAS 16 DESAFORTUNADAMENTE SE QUITA LA VIDA DESPUES DE 3 AÑOS QUE YA NOS HABIAMOS SEPARAMOS NUNCA LO SUPERO SEGÚN ME CONTARON Y ESO NUNCA LO OLVIDE, ME MANDABA CARTAS DE AMOR PARA QUE VOLVIERAMOS JUNTOS PERO YO ERA MUY JOVEN Y TENIA SUEÑOS NO ME SENTIA CON GANAS DE TENER UN NOVIO TAN JOVEN ENTOCES SEQUI TRAS MIS SUEÑOS. MI PADRE QUERIA QUE ESTUDIARA ECONOMIA PERO DURE POCO EN EL COLEGIO DE ECONOMIA NO ERA LO QUE ME HACIA FELIZ.

ME DEDIQUE A BUSCAR MI SUEÑOS QUE EN ESE MOMENTO ERA SER UNA ARTISTA O ESTUDIAR ALGO DEL ARTE, COMENCE EN LA ESCUELA DE TROPICANA UNA ESCUELA DE BAILARINA EN LA HABANA, UNAS DE LAS MEJORES ESCUELAS EN ESE TIEMPO Y BAILE CON LOS MEJORES DE ESE TIEMPO EN SOLO TRES MESES DESPUES ERA UNAS DE LAS MEJORES DE LA CLASE PORQUE TODO LO QUE E ECHO SIEMPRE LO AGO CON PASION. TAN BUENA ERA QUE ME MANDABAN A AUDICIONES PARA SALIR A VIAJES FUERA DEL PAIS COSA QUE ERA DIFICIL EN ESA EPOCA, SE P;ODIA DECIR IMPOSIBLE, ME ESCOGÍAN PARA VIAJES AL EXTRANJERO CON OTRAS COMPAÑÍAS Y BAILARINAS CON MUCHOS AÑOS DE EXPERIENCIA, BAILE EN DIFERENTES TIPOS DE COMPAÑIAS HASTA QUE A LOS TRES MESES DE ESTAR EN LA ESCUELA DE BAILE ME ELIGIERON PARA UNA AUDICION DONDE LAS ELEGIDAS SALDRIAN DE GIRA A EUROPA ESPAÑA POR TRES MESES, ESO ERA UN SUEÑO PARA CUALQUIERA EN ESA EPOCA Y DE TODAS LAS QUE ATENDIERON EN LA AUDICION YO ERA LA UNICA QUE NUNCA HABIA TENIDO LA OPORTUNIDAD

DE VIAJAR FUERA DE CUBA ...TODOS LAS DEMAS ERAN DE EXPERIENCIA Y YA HABIAN SALIDO VARIAS VECES FUERA DEL PAIS. ERA ALGO MUY GRANDE NO ME LO PODIA CREER, HASTA QUE ME VI SENTADA EN ESE AVION POR PRIMERA VEZ EN MI VIDA.

TENIA SOLO 18 AÑOS LLEGUE A SARAGOZA UNA CIUDAD DE ESPAÑA, SUPER BONITA CUANDO ME DESPERTE EN LA MAÑANA Y ME VI EN ESA HABITACION DE HOTEL ABRI LOS OJOS Y ME DIJE NOOOOOO ESTO ES UNA MARAVILLA ME PELLISCABA LOS BRAZOS PARA VER SI ESTABA SOÑANDO, ERA VERDAD HABIA DESPERTADO EN OTRO PAIS 9 HORAS DE CUBA LEJOS MUY LEJOS, DE MI VENTADA BOLABA UN GLOBO VOLADOR CON PERSONAS DENTRO Y ME FASCINE FUE UNA SENSACION DE PODER Y AL MISMO TIEMPO DE FELICIDAD UN MILAGRO ACABABA DE SUCEDER EN MI VIDA UNO DE MIS SUEÑOS ACABABA DE CUMPLIRCE, NUNCA HABIA VISTO UN GLOBO Y EN ESE MOMENTO MIRANDO POR LA VENTANA DEL HOTEL UN GLOBO VOLADOR PASABA ENFRENTE DE MI VENTANA SOLO EN PELICULAS LO HABIA VISTO

Y TAMPOCO NUNCA HABIA ESTADO NI EN UN HOTEL O EN OTRO PAIS, FUE NUEVO TODO Y MARAVILLOSO

LA VIDA COMENSABA PARA MI Y MI FUTURO LO VEIA MARRABILLOZO, DESPUES DE TRES MESES DE GIRA POR TODO ZARAGOSA Y OTRAS CIUDADES REGRESAMOS A CUBA ALGUNOS DE LOS INTEGRANTES DE EL GRUPO SE QUEDARON YA QUE CUBA NO ESTABA BIEN Y SOLO QUERIAN ESCAPAR DE ALLI Y DE SU REGIMEN

PARA MI NO ERA FACIL PORQUE ME DABA MIEDO QUEDARME TAN JOVEN EN UN PAIS DONDE NO SABIA QUE HACER NI CONOCIA A NADIE, TUVE OPORTUNIDADES MUSICALES COMO TRABAJAR PARA UNA ORQUESTA DE CHICAS QUE EN ESA EPOCA ERAN MUY FAMOSAS CREO QUE MUNDIALMENTE O EN AMERICA LATINA "LAS CHICAS DEL CAN" EL DIRECTOR QUE ERA WILFRIDO VARGAS.

UN FAMOSO COMPOSITOR Y MUSICO DE LA EPOCA DOMINICANO QUE TAMBIEN TENIA SU PROPIA ORQUESTA. TRABAJAMOS UNA TARDE JUNTOS COINCIDIMOS EN LA CIUDAD DE ASTURIAS, NOS ECHAMOS FOTOS CON ELLOS ESE DÍA, WILFRIDO VARGAS ME HIZO UNA PROPUESTA DE QUEDARME Y TRABAJAR PARA EL ME DIJO QUE TENIA

TALENTO Y FUTURO EN LA MUSICA …LO PENCE PERO NO ACEPTE, ERA MUY JOVEN Y ME DIO MIEDO …CLARO SI ME LO DICEN AHORA ….(RISAS). ME VOLVI A CUBA, EL TIEMPO SEGUIA PASANDO Y SEGUIA EN MIS VIAJES POR EUROPA Y OTROS LUGARES YO VIVIA COM AMIGAS AVECES CON MIS HERMANAS ERA UNA EPOCA DE FELICIDAD ENTRE UNA COSA Y OTRA NOVIOS QUE TEMINABAN Y OTROS QUE EMPEZABAN, NO PARABA DE TRABAJAR Y DE VIAJAR, MI VIDA DE ADOLECENTE SI LAS COSAS NO ME IVAN TAN BIEN ME IVA A CASA DE MI MADRE, A MI ABUELA LA VISITABA AMENUDO LE LLEVAVA REGALOS Y LE DABA AMOR, PERO ME SENTIA COMO QUE DEBIA CRECER Y SEGUIR MIS SUEÑOS, UN BUEN DIA EN UNA AUDICION DE MUSICOS Y BAILARINAS COJO UN WIRO Y LO COMIESO A TOCAR, TENIA TALENTO PARA LA PERCUCION, EMPECÉ A TOCAR PERCUSION MENOR Y ME HICE DE UN GUIRO. NADIE EN TODO EL PAIS LO TOCABA COMO YO ERA LA NUMERO UNO EN CUBA QUE PODIA BAILAR Y SONAR EL GUIRO AL MISMO TIEMPO QUE LA MUSICA,

TODO EL MUNDO Y EN TODAS LAS ORQUESTAS DE LA EPOCA ME CONOCIAN COMO "EL GUIRO DE ORO"" FUE UNA EPOCA DORADA PARA MI, VIAJE A MUCHOS PAISES DE EUROPA Y AMERICA LATINA E ISLAS COMO SAN MARTIN, CURACAO, MARTINICA, DESPUES DE TOCAR EN VARIAS ORQUESTAS RECONOCIDAS, COMO PJ Y NJ LA BANDA DIRIGINA POR JOSE LUIS CORTES ALIAS EL TOSCO, LAS CHICAS DEL SOL DIRIGIDA POR SONIA SABEEDRA O LA ULTIMA QUE FUE SELLO L. A LOUS Y LEXANDRIO ERAN DOS HERMANOS Y SUS PADRES ERAN LOS FAMOSOS "PAPINES" TAMBORES CUBANOS ERAN RECONOCIDOS MUNDIALMENTE DESDE 1963. ASI PASARON ALGUNOS AÑOS DE MI VIDA.

CUANDO ME SEPARE DE LA TERRIBLE RELACION DE 3 AÑOS CON EL DIRECTOR DE ESTA ULTIMA ORQUESTA DONDE YO FUI FUNDADORA ME ECHARON DE LA ORQUESTA Y ME QUEDE SIN TRABAJO ME FUI A VIVIR CON MI HERMANA YORDANKA LA HERMANA DEL MEDIO ELLA VIVIA EN UNA CASA GRANDE Y MUY BONITA EN PLAYA, NO FUE FACIL DESPUES DE TENER TANTA INDEPENDENCIA Y VIAJAR AL MUNDO ENTERO VOLVER A EMPEZAR DE CERO, ME QUEDE SIN TRABAJO SIN ORQUESTA, SIN FUERZAS Y MUY PERDIDA..

ESTUVIMOS VIVIENDO JUNTAS UNAS SEMANAS EN ESOS TIEMPOS MI HERMANA TAMBIAN LE IVA MUY BIEN COMO MODELO DE LA MESON Y ESTABA MUY OCUPADA, ELLA ESTABA EN UNA BUENA POSICION, YO NO ME SENTIA BIEN ME DABAN DOLORES Y FIEBRES Y SE ME QUITABAN SOLOS ME DECIAN QUE ERA SOLO ALGO PASAJERO. NO SABIA QUE ERA

ME FUI CON UNA AMIGA QUE TODAVIA HOY SOMOS MUY AMIGAS ...IRIS..ENTONCES VIVIA EN LA HABANA AHORA ESTA AQUI EN MIAMI Y SEGUIMOS SIENDO MUY BUENAS AMIGAS, YO LA AMO Y LE DEBO MI

VIDA ……..AMIGAS TENGO POCAS PERO SON LAS MEJORES Y SIEMPRE LO SERAN.

EN CASA DE IRIS ME PODIA QUEDAR TRANQUILA Y MUY FELIZ ELLA Y SU MADRE VIAVIAN EN UN APARTAMENTO MUY ACOJEDOR EN PLAYA UNA ZONA A LA QUE A MI ME GUSTABA MUCHO VIVIR, DESPUES DE UNOS DIAS DE ESTAR ALLI ME RENTE EN EL APARTAMENTO DE UNA SEÑORA MIRTA QUE EN PAZ DESCANSE SE LLAMABA, EN LOS BAJOS DE IRIS ASI ESTABAMOS CERCA Y JUNTAS NOS APOLLAMOBAMOS, SOMOS MUY BUENAS AMIGAS DESDE ENTONCES, VIVIENDO ALLI LA MAGIA SURGIO OTRA VEZ EN MI VIDA ….UNA MAÑANA EN MI CAMA PENSANDO QUE HACER CON MI VIDA Y SI ALGUN MILAGRO PODRIA SUCEDER EN MI VIDA DEL CIELO O ALQUIEN LLAMABA PARA ALGUN VIAJE O TRABAJO COMO ARTISTA, PORQUE ESTABA DESESPERADA ME SENTIA MAL DESPUES DE HABER TRABAJADO CON LOS MEJORES Y NADA APARECIA, PARECIA QUE EL DESTINO QUERIA OTRO CAMINO PARA MI Y ASI FUE. MIRABA EL TELEFONO FIJO ANTIGUO DE ESE TIEMPO QUE LO TENIA EN LA CABEZERA DE LA CAMA ENCIMA DE LA MESITA DE NOCHE, NUNCA LO OLVIDARE ERA DICIEMBRE 1998 NO EXISTIAN LOS TELEFONOS CELULARES. SUENA EL TELEFONO……… CUANDO CONTESTO ERA UNA LLAMADA INTERNACIONAL NOS DABAMOS CUENTA POR EL SONIDO AL CONTESTAR, ERA LA VOZ DE UN HOMBRE CON ACENTO ESPAÑOL PREGUNTANTO POR ALQUIEN QUE NO VIVIA EN LA CASA. ODVIAMENTE ESTABA EQUIVOCADO DE NUMERO AUNQUE LE DIJE MUCHAS VECES QUE NO QUE ESTABA EQUIVOCADO, EL INSISTIO Y INCISTÍA EN HABLAR, ESTABA

EN MI DESTINO PORQUE EL ME INCISTIA QUE NO QUE EL NUMERO ERA ESE Y QUE NO TENIA OTRO NUMERO, LE DIJE QUE LAS COMUNICACIONES EN CUBA SE CRUZABAN MUCHAS VECES POR LO VIEJAS QUE ERAN LAS LINIAS, EL

PODIA VOLVER A MARCAR PARA VER SI SE COMUNICABA CON LA PERSONA QUE EL LLAMABA, PERO FUE EN VANO CRISTOB AL GARRE INSISTIO Y ME DICE QUE LE HABÍA GUSTADO MI VOZ Y QUE SI YO SE LO PERMITÍA SE QUEDARÍA HABLANDO UN POCO MAS CONMIGO PARA CONOCERME, LE ACEPTE YO SIEMPRE ACEPTANDO RETOS DE LA VIDA. HABLAMOS MAS DE 5 HORAS CONTINUAS FUE SUPER IMPRESIONANTE MIS OREJAS ESTABAN CALIENTES PERO EL ME HACÍA REÍR Y ESO ME HACÍA SENTIR BIEN EN MEDIO DE TODO AQUELLO POR LO QUE ESTABA PASANDO, NUNCA ESPERE QUE ALGO ASI ME PASARA, ERA LA PRIMERA VEZ QUE ESTABA AL TELEFONO TANTAS HORAS Y MENOS CON UNA LLAMADA INTERNACIONAL, ME REIA MUCHO CON EL Y ME LLAMABA MUY A MENUDO, A LOS DIAS DE ESTAR HABLANDO CON CRISTO COMO LE DECIAN TODO EL MUNDO YO ME SENTIA ILUCIONADA, EL ME DECIA QUE VENDRIA PRONTO A CONOCERME, Y SI HABIA CONECCION ENTRE NOSOTROS PODRIAMOS EMPEZAR UNA RELACION, ESO ME TENIA FELIZ, DESPUES DE LA TERRIBLE SEPARACION QUE HABIA PASADO ESTO ME VENIA PERFECTO EN MI VIDA, QUERIA CAMBIAR YA ME SENTIA QUE EN CUBA NO TENIA NADA MAS QUE HACER Y NESECITABA CAMBIOS GRANDES, SIN TRABAJO SIN ILUCION ALLI NO ME QUEDABA NADA MAS POR LO QUE LUCHAR, CUBA HABIA TERMINADO PARA MI, MI PROXIMO SUEÑO ERA VIVIR FUERA DEL PAIS PARA SIEMPRE Y EMPEZAR OTRA VIDA NUEVA ERA JOVEN Y PODIA SEGUIR ADELANTE CON MAS SUEÑOS ......UNOS DIAS DESPUES DE ESTAR HABLADO CON CRISTO ME PUSE MUY ENFERMA ME CAI DE UN CABALLO DONDE ESTABAMOS YO Y MI HERMANA MARIA LA PEQUEÑA DE LAS TRES Y AL PARECER SE ME DESPRENDIÓ ALGO DEL INTERIOR Y ME DIO MUCHO DOLOR Y FIEBRE MI MADRE ME RECOJIO DE CASA DE IRIS Y ME LLEVO A URGENCIAS, TENIA UNA TERRIBLE INFECCION QUE ESTUBE A PUNTO

DE MORIR SI NO ME ATENDIAN RAPIDO PODIA MORIR. DOCTOR AMIGO DE MI MADRE ME MANDO URGENTE MEDICACION QUE ME FUE CURANDO POCO A POCO 10 DIAS EN EL HOSPITAL CON TRATAMIENTOS DE CAMARA IPERVALICA ME SALVO LA VIDA Y SALI SANA DE ESA, GRACIAS A DIOS Y AL UNIVERSO ME SALVE NO ERA MI MOMENTO DE MORIR.

SOLO ERA EL COMIENZO DE UNA NUEVA VIDA, CRISTO ME SEGUIA LLAMANDO Y SE PORTABA MUY BIEN CONMIGO CADA VEZ ME LLAMABA MAS Y YO ME SENTIA SUPER FELIZ, NOS CONOCIMOS POR FOTOS PRIMERO YO LE MANDE UNA FOTO CON UN AMIGO QUE VINO DE SU PUEBLO A VISITAR A SU CHICA EN LA HABANA Y YO LE MANDE UNA MIA CON EL, DESPUES DE DOS MESES DE HABLAR CADA DIA POR TELEFONO POR HORAS, ME DIJO QUE SE QUERIA CASAR CONMIGO ME QUEDE SIN PALABRAS, LE DIJE PERO COMO SI NI SIQUIERA NOS CONOCEMOS EN PERSONA, ME DIJO EL PROXIMO MES VOY A VERTE PERSONALMENTE LLEVO TODA LA DOCUMENTACION NECESARIA CONMIGO SI NOS GUSTAMOS Y NOS ENAMORAMOS NOS CASAMOS DE INMEDIATO ASI TE PUEDES VENIR CONMIGO DE VUELTA A ESPAÑA, YO LE DIJE ESTAS LOCO?????? ERAMOS JÓVENES Y LOS DOS TENÍAMOS EL MISMO TEMPERAMENTO SOÑADORES Y APASIONADOS.

LA VERDAD SOLO NOS FALTABA VERNOS EN PERSONA Y JUSTO EN MARZO ANTES DE SU CUMPLEAÑOS VINO A CONOCERME, YO SUPER NERVIOSA LO FUI VER A SU APARTAMENTO QUE HABIA ALQUILADA EN EL VEDADO MUY ACOJEDOR ESTABAMOS NERVIOSOS LOS DOS, BEBIMOS UNA COPA Y ESTUVIMOS TODA LA NOCHE DIFRUTANDO DE NUESTRA COMPAÑÍA HABLAMOS DE TODO, LA BODA FUE MUY SIMPLE NO TUVIMOS FIESTA SOLO FUIMOS A FIRMAR Y DESPUES A EL APARTAMENTO, EL QUERIA QUE VOLVIERA A ESPAÑA CON EL PERO EN

ESE TIEMPO EN CUBA NO ERA FACIL SALIR. TUVE QUE ESPERAR A QUE ME DIERAN LA AUTORIZACION Y ASI FUE AL MES DE EL MARCHARCE DESPUES DE QUE EL LLAMARA MUCHAS VECES A LA EMBAJADA DE ESPAÑA Y HABLARA DIRECTAMENTE CON EL CÓNSUL ESPAÑOL, FINALMENE ME DIERON LA SALIDA DEL PAIS.

COMO ARTISTA YO HABIA SALIDO MUCHAS VECES EN EL TRANSCURSO DE MI ADOLECENCIA, PERO ESTA VEZ ERA DEFINITIVO.

NO VOLVERIA A VIVIR EN CUBA NUNCA MAS, ME IVA A REACER MI VIDA NUEVA EN UN PAIS EXTRAJERO CON UN HOMBRE QUE PRACTICAMNETE NO CONOCIA PERO LO QUERIA MUCHO, PORQUE LO CONOCI EN EL MOMENTO QUE MAS LO NESECITABA CUANDO ME SENTIA PERDIDA Y SIN SALIDA. ASI FUE COMO SALI DE TODA AQUELLA PESADILLA SIEMPRE LE ESTARÉ AGRADECERE A EL POR ESO SIEMPRE

DE CRISTO SIEMPRE ESTARE AGRADECIDA PORQUE FUE LA PERSONA QUE ME IMPULSO A LA VIDA EN LIBERTAD A VIVIR COMO PERSONA EN UN PAIS FUERA DEL REGIMEN CASTRISTRA, CUANDO LLEGUE A ESPAÑA ME ADAPTE RAPIDO EMPECE A HACER AMISTADES, LLEGAMOS A UN PUEBLO EN ALMERIA LLAMADO OLULA DEL RIO DONDE EL NACIO Y SE CRIO AHÍ VIVIMOS LOS PRIMEROS MESES ALLI.

RAPIDAMENTE ME DI CUENTA QUE ESE PUEBLO NO ERA PARA MI, PUEBLO DE CAMPO, NO ME ACOSTUMBRABA YO SIEMPRE HABIA VIVIDO EN LA CIUDAD DE LA HABANA, SIEMPRE ME GUSTO VIVIR EN CIUDAD, LO CONVENCI PARA QUE NOS FUERAMOS A VIVIR A UNA CIUDAD MAS GRANDE LE DIJE ; Y ME DICE EL TRANQUILAMENTE PODEMOS IRNOS A MARBELLA UN PUEBLO DE MALAGA, TENGO FAMILIA ALLA ME DICE, PRIMOS TIOS Y PODEMOS TENER UNA VIDA TRANQUILA ALLA (TRANQUILA).

DE TRANQUILO NO TENIA NADA, MARBELLA ES UNA CIUDAD TURISTICA, COSMOPOLITA, MUCHOS TURISMO DE TODAS PARTES DE EUROPA VIENEN A PASAR LAS VACACIONES ALLI TAMBIEN MUCHOS INGLESES. COGIMOS EL COCHE Y NOS FUIMOS PARA MARBELLA, CUANDO LLEGAMOS ME FACINO ME ENCANTO, LE DIJE REGRESA A POR NUESTRAS COSAS QUE YO ME QUEDO AQUÍ. ME HABIA ENAMORADDO DE MARBELLA.

PASARON LOS MESES Y YO EN MARBELLA ME ADAPTE MUY RAPIDO TODO IVA BIEN Y TRANQUILO, HICE POCAS AMISTADES, PERO ERAN BUENAS

NO TRABAJABA TODAVÍA A CRISTO

NO LE GUSTABA MUCHO LA IDEA QUE YO TRABAJARA, ASÍ QUE ME DEDIQUE A DIFRUTAR LLEVABA CASI TODA MI JUVENTUD Y ADOLECENCIA TRABAJANDO, ME DI UN TIEMPO PARA DESCANZAR.

UN DIA SOLIADO DE MARBELLA FELIZ ESTABAMOS EN NUESTRO NUEVO APARTAMENTO ORGANIZANDO Y DESPUES ME PUSE HACER UN POCO DE EJERCICIOS CUANDO LLEGO UNO DE SUS PRIMOS DE CRISTO, MIGUEL..ME DICE, HOLA YUDITH COMO ESTAS? ¿LE DIGO BIEN Y ME DICE PORQUE NO TE HACES LA PRUEBA DE EMBARAZO? ¿LE DIGO QUE DICES? EMBARAZO YO ?YO NO ME PUEDO QUEDAR EMBARAZADA SERIA UN MILAGRO, LE DIJE, PERO ME ME INSISTIO QUE EL ERA MUY BUENO PARA ESAS COSAS QUE ME ISIERA LA PRUEBA PORQUE EL SENTIA QUE ESTABA EMBARAZADA..

NO ENTENDÍA LA RAZÓN PORQUE ME DECÍA ALGO ASÍ, YO ESTABA SEGURA QUE NO PODIA CONSEGUIR HIJOS DESDE QUE ME PASO LO DE LA GRAVEDAD EN CUBA, ME LO DIJO EL DOCTOR QUE ME ATENDIO QUE YO NO PODIA TENER HIJOS A NO SER QUE ME SOMETIERA A UNA OPERACIÓN DE TROMPAS PERO EL INSISTIÓ TANTO QUE ME HICE LA PRUEBA DE EMBARAZO, TANTO ME INCISTIO

QUE ME LA HICE Y AHÍ ESTABA CLARO. WOOOOW ME DIJE ....

OTRO MILAGRO SE HABIA REALIZADO Y ESTA VEZ SIN YO PEDIRLO, ESTABA EMBARAZADA DE MI 1ª HIJA DILAYLA AHORA ES KEELLA SU NOMBRE ARTISTICO CANTANTE DE MUSICA POP HOY Y LUCHANDO POR SU SUEÑO TAMBIEN, TODO CAMBIO DE REPENTE ESTABA EMBARAZADA TODO CAMBIO, LOS PRIMEROS MESES ME SENTIA MAL EL EMBARAZO ERA LO PEOR, NAUSEAS, MAREOS QUICE VIAJAR A CUBA Y ESTAR CON MI MADRE ALIMENTARME Y PODER VER A MI ABUELA POR UNOS DIAS, ME ALIMENTE MEJOR PORQUE NO ME DABA ASCO LA COMIDA DE CUBA SOLO LA DE ESPAÑA PERO CUANDO VOLVI DESPUES DE ESTAR 15 DIAS EN CUBA VOLVI NUEVA A MARBELLA Y CON. LA BARRIGUITA QUE YA SE NOTABA BIEN.

LA BARRIGA ME CRECIO GIGANTE COMIA MUCHISIMO,

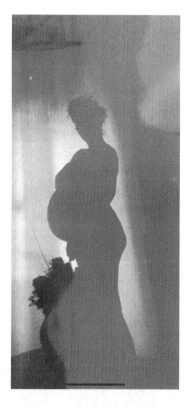

UNO DE LAS CITAS CON MI DOCTOR ME DECIA COMO HABIA SIDO POSIBLE QUE ME QUEDARA EMBARAZADA, TODAVIA TENIA LAS TROMPAS TOTALMENTE OCTRUIDAS, PERO ASI FUE UN MILAGRIO MAS EN MI VIDA, ME TRAJE A MI MADRE DE CUBA PARA QUE ME AYUDARA CON EL PARTO Y TODA LA PREPARACION PARA LA LLEGADA DE MI PRIMERA PRINCESA ERA LA PRIMERA VEZ QUE MI MADRE SALÍA DE CUBA, ESTABA MUY FELIZ DE CONOCER OTRO PAIS ERA ALGO GRANDE PARA TODOS Y MAS PARA ELLA.

CADA DIA PENSABA QUE NOMBRE LE PONDRIA A MI PRIMERA PRINCESA SIMPRE EN MI VIDA CON TODAS LAS COSAS COMO IVAN PASANDO SIEMPRE ME GUSTABA HACER TODO A LO GRANDE Y ESPECIAL O PODRIA DECIR COMO DIFERENTES, ME DABAN SEÑALES COSAS RARAS O EN SUEÑOS QUE ME GUIABAN O ME ENSEÑABAN QUE ERA LO QUE TENIA QUE HACER O EL PASO A TOMAR DEPENDIENDO DE LA SITUACION EN CADA MOMENTO DE MI VIDA, SIEMPRE HABIA ALGO QUE ME DECIA O PASABA Y SIEMPRE ERA LA MAYORIA DE LAS VECES, TENIA AMIGAS EN MARBELLA QUE SIN YO QUERER LES DABA CONSEJOS O LES DECIA ALGO QUE LES PASARIA EN LOS DIAS PROXIMOS, ME DECIAN ERAS UNA BRUJA COMO LO SUPISTES???, PENSABAN QUE ERA UNA DE ESAS QUE PODIA VER EL FUTURO UNA VIDENTE O ALGO PARECIDO, PERO LA VERAD SOLO SALIA DE MIS LABIOS COMO SI ALQUIEN LOS PUSIERA ALLI Y DESPUES SE ME OLVIDABA LO QUE LES DECIA, MUY RARO SIEMPRE FUE ASI, VIENE CUANDO VIENE Y SE VA, POR ESA MISMA RAZON QUERIA UN NOMBRE ESPECIAL PARA MI PRIMOJENITA, TODOS LOS TRABAJADORES DEL

BAR DONDE YO Y CRISTO TRABAJÁBAMOS NOS PREGUNTABAN CADA DÍA SI YA TENÍAMOS EL NOMBRE PARA LA NIÑA, ERA DE RIZAS NINGUN NOMBRE ME GUSTABA QUERIA QUE FUERA DISTINTO ALGO DIFERENTE

QUE VINIERA DE DIOS DEL CIELO, TENIAMOS UNA LISTA
DE DOS MIL NOMBRES, PERO NO ME DECIDIA A NINGUNO
DE ELLOS, UNA NOCHE EN MI CAMA A DOS SEMANAS DE
LA FECHA DEL PARTO ARRODILLADA EN LA ORRILLA DE
LA CAMA LE HABLO A DIOS

Y LE DIGO, DIOSITO AYUDAME A ENCONTRAR EL
NOMBRE PERFECTO PARA MI NIÑA VA A NACER Y NO VOY A
SABER COMO LA VOY A LLAMAR .... ESA MISMA NOCHE
COMO A LAS 5 DE LA MANANA ME DESPIERTO HABIA
TENIDO UN SUEÑO REVELADOR UN ANGELITO TRAIA
UNA CARRETA COLGANDO DE ATRÁS Y UN BEBE DENTRO
ACOSTADO SOSTENIENDO UNA LIBRETA HABIERTA EN
SUS MANITAS CON EL NOMBRE EL BEBE SONRRIENTE
ME LO ENSEÑA "DILAYLA" EXACTAMENTE PONIA EN
LA LIBRETA, ME DESPERTE EN ESE MISMO MOMENTO Y
DANDO GRITOS DE ALEGRIA DESPERTE A CRISTO Y LE
DIJE GRITANDO, TENGO EL NOMBRE TENGO EL N0MBRE
DE NUESTRA HIJA, LO APUNTE EN UN PAPEL Y LO DEJE
EN LA MESITA DE NOCHE DE MI LADO DE LA CAMA, Y
SEGUI DURMIENDO, FUE EMOCIONANTE ESE MOMENRO.
OTRO MILAGRO SE HABIA ECHO REALIDAD PARA MI, LE
PIDO EL NOMBRE A DIOS Y ME LO DA LA MISMA NOCHE,
NO ES INCREIBLE????.......(RISAS)AL OTRO DIA SOLIAMOS
IR A BAR SIMPRE JUNTOS LOS TRES MI MADRE, CRISTO
Y YO SE LLAMABA EL CUBANITO EN PUERTO BANUS
CRISTO TRABAJABA EN LAS NOCHES ALLI DIRIGIENDO
LA ANIMACION DEL LOCAL YO TAMBIEN TOCANDO EL
GUIRO Y ANIMANDO, PERO YA NO PUES ESTABA A PUNTO
DE TENER LA BEBE, LA DUENA ERA UNA FAMOSA LA
VIUDA DE ESPARTACO SANTONI..UN EMPRESARIO DE LA
EPOCA QUE YA HABIA MUERTO EN ESE TIEMPO.

ELLA SIEMPRE ME PREGUNTABA POR EL NOMBRE ERA
UNA MUJER MUY AGRADABLE Y SENSILLA A PESAR QUE
ERA MUY RICA, Y LE DIJE SI AQUÍ LO TENGO, CUANDO SE
LO ENSEÑE ME DISE OOOOH ASI SE LLAMA UNA CANCION

QUE LE ENCANTABA A MI ESPARTACO MUCHO ANTES DE MORIR, LE DIJE COMO? ME DISE SI, ESCUCHA YO NO SABIA QUE EXISTIA UNA CANCION CON EL NOMBRE DE MI HIJA, ME GUSTO MUCHO LA CANCION DILAYLA DE ELTON JHON ......SALIA CADA SEMANA EN UN ANUNCIO EN LA TELE ERA ALGO DIFICIL DE CREER PERO ASI FUE

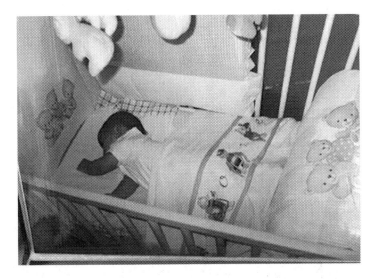

LA HABITACION DE LA NUEVA INTENGRANTE DE LA FAMILIA YA ESTABA LISTA TODO ESTABA PERFECTO ROPAS DE BEBE PERFECTAS, TODO ROSA UN AJUAR DE UNA PRINSESA PARA LA RESIEN LLEGADA AL MUNDO, YO NUNCA ME IMAGINE QUE PUDIERA VIVIR COMO ESTABA VIVIENDO EN ESE MOMENTO.

LA NOCHE DEL PARTO, BUENO ESO FUE TERRRIBLE, ME ATRASE DOS SEMANAS DE LA FECHA YA ME SENTIA DESESPERADA, ROMPI AGUAS A LAS 12 DE LA NOCHE DEL DÍA 3 DE JUNIO DEL 2000

CRISTO ESTABA TRABANDO MI MADRE LO LLAMO Y EL NO HIZO MUCHO CASO PORQUE YO A CADA RATO QUERIA IR AL HOSPITAL Y SIEMPRE ERA EN VANO PENSANDO QUE ESTABA DE PARTO, PERO ESTA VEZ SI ERA VERDAD EL NO ESCUCHABA A MI MADRE ENTONCES ELLA LE TUVO

QUE HABLAR FUERTE PARA QUE VINIERA ENSEGUIDA, ESTABA DE PARTO

LLEGUE AL HOSPITAL COSTA DEL SOL MARBELLA

INGRECE ESTUVE DE PARTO MUCHAS HORAS HASTA QUE NACIO MI BELLISIMA HIJA A LAS 12.15 DE LA MAÑANA DEL DIA SIQUIENTE 4 DE JUNIO DEL 2000

ESTUVE 12 HORAS DE PARTO, ELLA NO QUERIA SALIR, Y YO SIN FUERZAS NO PODIA PUJAR MAS, EL DOCTOR ME DECIA QUE SI NO PUJABA LA NIÑA PODIA MORIR AFIXIADA DENTRO DE MI, LE DIJE QUE LO INTENTARIA UNA VEZ MAS Y RESPIRE BIEN PROFUNDO Y DI EL ULTIMO ENPUJON Y SALIO ELLA TODA MORADA CASI NEGRA DE EL TIEMPO QUE HABIA TARDADO EN SALIR, GRACIAS A DIOS SALIO MORADA PERO SALIO SANA.

TENER UN HIJO ES LA SENSACION MAS BELLA QUE PUEDE TENER UNA MUJER, PERO CUANDO VEZ ESA PEQUEÑA COSITA EN MIS MANOS NO TENIA NI IDEA COMO COJERLA O TOCARLA, PERO FUE BELLO, CRISTO ME AYUDO MUCHO ERA COMO NUESTRO JUQUETE.

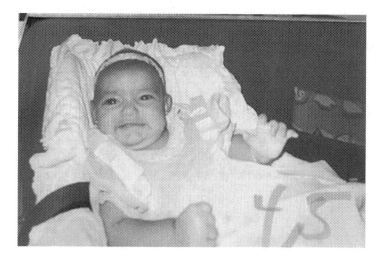

TODO PASO MUY RAPIDO, CRISTO SEGUIA EN SUS ANDANZAS PERO A MI Y A LA NIÑA NUNCA NOS FALTABA

NADA. LOS PRIMEROS MESES DESPUES DEL PARTO FUERON BELLOS DILAYLA LE GUSTABA DORMIRSE EN EL COCHE PARA QUEDARCE DORMIDA, AVECES TENIASMOS QUE SALIR EN EL COCHE A DAR UN PASEO Y ASI PARABA DE LLORAR, ASI PASO EL PRIMER AÑO Y LA RELACION ENTRE CRISTO Y YO SE ESTABA DETERIORANDO BASTANTE, EL SALIA MUCHO DE FIESTA Y AVECES NI LLEGABA A LA CASA, ME EMPECÉ A SENTIR INCOMODA CON SITUACIONES ECONOMICAS Y DE VIVIENDA QUE EMPEZAMOS A TENER, DECIDI EMPEZAR A TRABAJAR, A EL NO LE GUSTABA LA IDEA PERO NO TENIA OPCION, CUANDO DILAYLA CUMPLIO LOS 3 AÑOS DESPUES DE ESCUCHAR A CRISTO CADA DIA Y CADA MES DECIRME QUE CAMBIARIA Y QUE TODO IVA AMEJORAR Y NADA PASABA NI NADA CAMBIABA EN EL TODO SEGUIA IGUAL, YO DECIDO PEDIRLE EL DIVORCIO, LAS SALIDAS, DESAPARICIONES, DISCUSIONES Y PELEAS FUERTES EN FRENTE DE LA NIÑA YA SE IVAN PONIENDO MUY DURAS PARA TODOS, NO PARABAN ME SEPARE Y ME FUI A VIVIR SOLA CON MI HIJA, TODAS MIS AMIGAS ME DECIAN QUE ESTABA LOCA, QUE LAS MUJERES NO SE DIVORCIABAN, YO LES DECIA YO ERA DIFERENTE Y VOY A PODER ARREGLARMELAS SOLA, SE ATERRORIZABAN CONMIGO, PERO YO YA NO ERA TAN JOVEN Y TAMPOCO TENIA MIEDO COMO A LOS 16 AÑOS YA TENIA 29 AÑOS Y DECIDI CAMBIAR ESA VIDA DE PELEAS CADA DIA Y LO HICE CON MUCHA FE, SALI ADELANTE CON MAS FUERZA AUNQUE CRISTO ME DECIA QUE NADIE ME QUERRIA CON UNA HIJA A CARGO, LE DIJE QUE ESO SERIA PROBLEMA MIO Y ME FUI.

MI PADRE YA VIVIA EN ESPAÑA ME LO HABIA TRAIDO DE CUBA CASI EN LA MISMA FECHA QUE YO ME FUI DE CUBA UNOS MESES MAS TARDE, A MI ABUELA QUE VIVIA EN CUBA ENTONCES YA NO PODIA VISITARLA MUCHO... CASI NUNCA PODIA VIAJAR PORQUE TENIA QUE TRABAJAR PARA MANTENERNOS, NO TENIA NINGUNA AYUDA.

ASI ESTUVE EL PRIMER AÑO DE DIVORCIADA TENIA 3 TRABAJOS LIMPIABA EN CASAS DE RICOS, EN UNA OPTICA O EN RESTAURANES, TENIA VARIOS TRABAJOS PARA MANTENERNOS TENIA NIÑERAS QUE ME AYUDABAN CON MI HIJA QUE YA ESTABA CERCA A CUMPLIR LOS 4 AÑOS, TRABAJANDO Y MEJORANDOME CADA VEZ. ME ENCONTRE UN SEÑOR INGLES QUE CON LA IDEA QUE YO TENIA DE MODA HABRIMOS UNA TIENDA DE ROPA DE MUJER Y DE ACSESORIOS, SIEMPRE ME A GUSTADO LA MODA Y EL DISEÑO, LO AYUDE Y QUEDO PERFECTA ASI FUE COMO CONOCI AL QUE SERIA MI PAREJA EN ESE ENTONCES, ANIEL SUECO VIVIA ENTRE MARBELLA Y ESTOCOLMO TENIA UN RESTAURANTE FAMILIAR CON SU PADRE ARS Y SU HERMANA LINA ...EN PUERTO BANUS LLAMADO WOKAWAY DE COMIDA THAILANDESA, EL TRABAJABA DE ENCARGADO Y YO CASI SIEMPRE COMPRABA MI ALMUERZO ALLI, CRUZANDO LA CALLE EL ESTABA TIRANDO LA BASURA Y ALLI FUE DONDE SU MIRADA Y LA MIA SE ENCONTRATON Y COMO DOS CLAVOS SE ENCAJARON LAS MIRADAS NUESTRAS FUE COMO UNA ATRACTION INRESISTIBLE O MEJOR DICHO ATRACCION FATAL, EL ME PREGUNTO TE CONOZCO DE ALGUN LADO? Y YO LE DIJE NO PERO ME PARECE CONOCERTE, NOS PRESENTAMOS Y INTERCABIAMOS NUMEROS DE TELEFONOS ME HABÍA CAÍDO MUY BIEN, CADA DIA INTENTABA DE ENCONTRAR LA MANERA DE ENCONTRÁRMELO, A LOS 5 DIAS ME LLAMO ERAN LAS 2 DE LA MADRUGADA YO ESTABA CON AMIGAS EN UNA DISCO MUY POPULAR EN PUENTE ROMANO,

COJO EL TELEFONO Y ME PREGUNTA DONDE ESTOY, LE DIGO DONDE VIENE A VERME DIRECTAMENTE, FUE NUESTRA PRIMERA NOCHE PERO ERA TANTA LA PASION QUE NO PUDIMOS RESISTIRNOS, ESTUVIMOS JUNTOS TODA LA NOCHE FUE AMOR A PRIMERA VISTA MUY INTENSO, AL DIA SIQUIENTE ME FUI A MI CASA PARA SEGUIR MI

RUTINA DE VIDA, DILAYLA LE TOCABA ALGUNOS DIAS CON EL PADRE Y OTROS CONMIGO TENIA ALGUNOS DIAS LIBRES PARA MI, ANIEL NO LLAMO HASTA EL SEGUNDO DIA DESPUES DE ESTAR JUNTOS TODA LA NOCHE Y AHÍ NOS VOLVIMOS A VER Y FUE MAS FUERTE QUE LA PRIMERA VEZ, ESTABAMOS TOTALMENTE ENAMORADO LA PASION ESTABA A LA VISTA DE TODO Y DE TODOS.

A LOS DOS MESES ME PROPUSO QUE QUERIA TENER UNA RELACION SERIA CONMIGO Y LE DIJE QUE SI, EL PRIMER AÑO PASO MUY RAPIDO, NOS SENTÍAMOS EN LAS NUVES EL AMOR QUE NUNCA HABÍA IMAGINADO TENER YA ESTABA AQUÍ, PASIÓN DÍA Y NOCHE TODO PARECIA SER MARAVILLOSO EN MI VIDA NUNCA ME HABIA SENTIDO TAN ERNAMORADA, LE PUSE EL AMOR DE MI VIDA, Y ASI FUE ......DESPUES DE ANIEL NUNCA MAS ME E VUELTO A ENAMORAR, FUE COMO QUE EL CORAZON SE ME CONVIRTIERA EN UN TEMPANO DE HIELO QUE NUNCA SE DERRITIO DESPUES DE TODO LO QUE PASE CON EL.

AL AÑO Y MEDIO CASI DOS ME QUEDO EMBARAZADA DE EL, ME DIJO QUE TENIA QUE ABORTAR INMEDIATAMENTE PORQUE LLEVABAMOS MUY POCO TIEMPO JUNTOS Y EL NO QUERÍA TENER HIJOS, A PESAR QUE PARA MI ERA UN RIESGO HACERME ABORTOS POR LOS PROBLEMAS QUE YA HABIA TENIDO ANTES LO HICE POR EL AMOR QUE LE TENIA YO TAMPOCO ME SENTIA SEGURA, Y NO QUERÍA PERDERLO ...SEGUIMOS LA RELACION Y YO SEGUIA SUPERANDOME ESTADA TRABAJANDO EN UNA BOUTIQUE DE ÉLITE EN PUERTO BANUS Y ESTUDIABA EL INGLES I AL MISMO TIEMPO UN POCO DE SUECO POCO A POCO APRENDIA MAS Y MAS, EL PADRE DE ANIEL, ARS NUNCA ESTUVO DE ACUERDO CON NUESTRA RELACION SIEMPRE ME DECIA QUE YO ERA MUY MAYOR PARA SU HIJO QUE ME ALEJARA DE EL QUE EL NO ME QUERIA COMO SU NUERA O MUJER PARA SU HIJO, YO NUNCA

LE ESCUCHE, LA EDAD NUNCA FUE UN FRENO PARA MI. SIEMPRE ME E VISTO 20 AÑOS MAS JOVEN (RISAS)

TRES AÑOS YA HABIAN PASADO YO Y EL NO ESTÁBAMOS EN BUEN TERMINOS ANIEL TENIA MUCHOS PROBLEMAS POR CULPA DE SU PADRE, INSEGURIDADES ECT...............CAMBIABA MUCHO DE UN PENSAMIENTO A OTRO MUY INDECISO PARA TODO Y MAS PARA LA RELACION QUE TENIAMOS QUE NO ERA VENDECIDA POR SU FAMILIA, EL ME HABIA DEJADO Y VUELTO VARIAS VECES. TENIA DIAS MUY MALOS Y TRISTES YO ESTABA DEMASIADO ENAMORADA AL PUNTO QUE NO TENIA GANAS DE SEGUIR VIVIENDO SI NO ESTABA CON EL, LA DEPRESIÓN ME COMIA PROFUNDAMENTE, MI HIJA DILAYLA CON SOLO 8 AÑOS ME TUVO QUE COCINAR PARA ALIMENTARME UNA DIA PORQUE LLEVABA DIAS QUE NO COMIA NADA SOLO LIQUIDOS, ME SENTIA MUY TRISTE SIN GANAS DE NADA, UNA MAÑANA ME VINO UNA IDEA A LA MENTE Y ME FUI A CUBA PARA VER A MI FAMILIA Y PASAR UNOS DIAS POR ALLA SIN ESTRÉS Y OLVIDAR UN POCO TODO POR LO QUE ESTABA PASANDO CON EL, VARIOS AÑOS QUE NO TENIA LA OPORTUNIDAD DE IR ALLA, TENIA ALGO DE DINERO REUNIDO Y ME SERVIA PARA RECUPERARME UN POCO DE TANTA TRISTEZA, PENSE QUE ASI ANIEL SE IMTERESARIA OTRA VEZ EN MI Y PENSE QUE SI ME ALEJABA UN POCO Y LE DABA SU ESPACIO ME EXTRAÑARIA Y ASI VOLVERIAMOS JUNTOS, UN CAMBIO ALGO PARA CAMBIAR SU MANERA DE VER LAS COSAS, LE PEDIA A DIOS CADA DIA, LA PASE BIEN EN CUBA Y REGRESE CON MUY BUENA ENERGIA CUANDO REGRESE EL ME RECOJE AL AEROPUERTO Y LO VI MAS CONTENTO DE VERME, HABIA FUNCIONADO, EL ERA FAMOSO ENTRE LAS CHICAS DEL VARRIO EL GUAPO SUECO LE DECIAN TODAS Y YO TENIA LA SUERTE QUE EL ERA PARA MI, PERO NO POR MUCHO MAS ....TODAS

LAS CHICAS DE LA ZONA EMVIDIABAN EL QUE YO HABIA SIDO LA ELEGIDA PARA EL.

VOLVIMOS A ESTAR JUNTOS Y HICIMOS EL AMOR COMO NUNCA ANTES, PASION, AMOR VERDADERO TODO VOLVIÓ HACER BELLO, ARDIENDO DE AMOR LOS DOS.... ESTABAMOS MUY ENAMORADOS ... PERO SIEMPRE ESTABA SU PADRE NUNCA LO ACEPTABA Y NO PARABA DE METERLE EN LA CABEZA QUE ME DEJARA. COMENCE A TRABAJAR CON EL EN EL RESTAURANTE AYUDANDO EN TODO, TODO IVA BIEN PERO EL AL ESCUCHAR SIEMPRE LO QUE SU PADRE LE DECIA LE CAÍAN DEPRESIONES DE QUERER TERMINAR CONMIGO, TODA ERA POR LA MANIPULACION DE SU PADRE, SIEMPRE LE DECIA QUE YO NO ERA PARA EL, QUE LA DIFERENCIA DE EDAD NO ERA NADA BUENO, EL PADRE NUNCA PARO DE QUERER SEPARARNOS, UN BUEN AMIGO DE ARS SU PADRE EN UNA FIESTA DONDE HABÍAN FAMILIARES Y AMIGOS DE SU PADRE Y NUESTROS ME

CONFESÓ QUE
LO QUE LE PASABA A ARS ERA QUE QUERIA TENER UNA MUJER COMO YO PARA EL Y NUNCA TUVO ESA SUERTE DE ENCONTRARLA, SOLO TENIA RELACIONES CON MUJERES QUE LE DABAN COMPAÑÍA A CAMBIO DE REGALOS Y OTRAS COSAS.

ME QUERÍA O QUERÍA A ALGUIEN IGUAL QUE YO PARA SU VIDA ESO FUE LO QUE ME CON FESO ESE AMIGO DE EL DE MARBELLA THE NOMBRE LASE DUEÑO DE UNA PEQUEÑA CAFETERIA EN LA PLAZA DE TOROS, EL NO ERA UN HOMBRE FELIZ SIMPRE PAGABA PARA RECIBIR AMOR, HACIA FIESTAS CON MUJERES, SU VIDA EN ESA EPOCA ERA FIESTAS Y DE TODO PARA LLENAR EL VACIO QUE TENIA EN SU VIDA Y QUE LE HABIA DEJADO LA MADRE DE SUS HIJOS CON LA QUE SE SEPARTO CUANDO

ERAN MUY JOVENES HACIA MUCHOS AÑOS. …. PASARON UNOS DIAS Y ME DOY CUENTA QUE ME HABIA QUEDADO EMBARAZADA OSEA YA ERA EL SEGUNDO EMBARAZO, EN ENERO DEL 2008,CUANDO SE LO DIJE………… WOOOW …FUE COMO UNA BONBA PARA EL, El NO PODIA CREERLO, POR MUCHO QUE LE EXPLIQUE ME DECIA QUE NOSOTROS NO ESTABAMOS JUNTOS Y QUE TENIA QUE ABORTAR INMEDIATAMENTE, ESO FUE MUY DOLOROSO PARA MI PORQUE YO LO AMABA, Y ME DIJO GRITANDOME COMO SI YO FUERA UNA EXTRAÑA FUERA DE MI CASA AHORA MISMO, NO TE QUIERO AQUÍ VETE O LLAMO A LA POLICIA.,ERA SU BEBE A MI NADIE ME HABIA TOCADO DESDE QUE LO CONOCI A EL Y ME ESTABA TRATANTO COMO SI YO HUBIERA SIDO UNA MUJER DE UNA NOCHE, LLEVABAMOS JUNTOS TRES AÑOS .ME DOLIO MUCHO, MUCHO, MUCHO, LLORE POR TRES MESES SEGUIDOS, SALI DE ALLI MUY TRISTE PERO PENSE QUE ALOMEJOR VOLVERIA ….

YO ME NEGUE A HACER OTRO ABORTO YA HABIA ABORTADO UN HIJO SUYO CUANDO ME LO PIDIO Y YO ME PROMETI QUE NUNCA MAS ME HARIA OTRO ABORTO EN MI VIDA TENIA 34 AÑOS, ESTABA DECIDIDA A TENER ESTE BEBÉ, ME SENTIA FELIZ DE TENER ESE CUERPECITO CRECIENDO DENTRO DE MI, NO ME MOLESTABA PARA NADA NUNCA ME DIO NI MAREOS O NAUCEAS, FATIGAS NI NADA, EL Y SU FAMILIA PADRE Y HERMANA ME HACIAN LA VIDA IMPOSIBLE, MUY DIFICIL ME ECHARON DEL TRABAJO PARA ALEJARME DE ANIEL CLARO, ESO FUE LO PRIMERO, SU HERMANA NO PARABA DE HUMILLARME DICIENDOME QUE PORQUE QUERIA TENER UN HIJO DE SU HERMANO SI EL NO ME QUERIA YO SOLO HABIA SIDO UN PASATIEMPO Y UN CAPRICHO EN SU VIDA. ME DECIA QUE EL TENIA UNA NOVIA A LA QUE AMABA ESO Y MUCHAS COSAS MAS, UNA VEZ SENTADA EN LA PLAZA DE TOROS DE PUERTO BANUS LOS CUATRO ANIEL, LINA

SU HERMANA MI PADRE Y YO, ELLA EMPESÓ HABLARME COMO SI YO FUERA UNA CUALQUIERA, ANIEL NO DIJO NADA Y SE QUEDO CALLADO SIN DEFENDERME DE TODO LO QUE SU HERMANA ME DECIA ..... CUANDO ELLA ME DECIA TODAS ESAS COSAS TAN HORRIBLES LO UNICO QUE ME DIO POR HACER FUE LEVANTARME Y LE PEGO UNA BOFETADA A ANIEL EN MEDIO DE LA PLAZA DE TOROS DE PUERTO BANUS Y ME FUI A MI CASA, EMPECÉ A BUSCAR TRABAJO Y INTENTE OLVIDARME DE EL PARA SIEMPRE, ME DIERON UN PUESTO DE ENCARGADA EN UN RESTURANT RUSO Y ME IVA MUY BIEN, ME SENTIA BIEN Y GANABA DINERO QUE PARA MI EN ESE MOMENTO ERA IMPORTANTE PORQUE ME HABIA QUEDADO SOLA CON MI HIJA DILAYLA Y EMBARAZADA DE LA SEGUNDA NIÑA, EL PADRE DE ANIEL, ARS UNA TARDE ME HACE UNA LLAMADA PIDIENDOME QUE NOS ENCONTRARAMOS PARA HABLAR, ME SORPRENDI NOSOTROS NUNCA HABIAMOS HABLADO MAS DE DOS PALABRAS EL NO ERA DE HABLAR CON NADIE Y MENOS CONMIGO, NO TENIA IDEA DE LO QUE EL QUERIA HABLAR, PERO FUI A LA CITA QUE ME PIDIO ....LLEGUE Y EL ESTABA SENTADO EN SU NUEVO RESTAURANTE (ROOM QUE SE LLAMABA)EN LA MESA REDONDA DE LA ENTRADA A MANO DERECHA NUNCA SE ME OLVIDA, CAMISA BLANCA Y UN JEANS MODERNO, COMIENSA HABLAR Y CON TODA SU DESFACHATES ME VIENE A OFRECER DINERO PARA QUE ME ALEJARA DE ELLOS Y PARA QUE ABORTARA EL BEBE QUE CRECIA EN MI VIENTRE, YO ME NEGUE A TODO YO AMABA A ANIEL PERO MAS AMABA LA CRIATURA QUE ESTABA CRECIENDO EN MI VIENTRE, ME SENTIA FELIZ Y LO UNICO QUE ME IMPORTABA ERA ESTAR SALUDABLE PARA QUE MI BEBE CRECIERA SANA, MIENTRAS LINA Y ANIEL NO PARABAN DE HACERME LA VIDA IMPOSIBLE PARA HACERME SENTIR MAL. ME HICIERON MUCHO, MUCHO DAÑO NO LES BASTO DEJARME SIN TRABAJO Y EN LA CALLE ME DECIAN

PALABRAS FEAS ME MALTRATABAN SICOLOGICAMENTE HABLABAN MAL DE MI Y YO NO ME LO MERECIA, YO AUN EMBARAZADA TENIA HOMBRES QUE SE INTEREBAN POR MI, PERO YO SOLO QUERIA ESTAR SANA PARA TENER MI BEBE SIN PROBLEMAS, NO PENSABA NUNCA EN HOMBRES, CUANDO ESTABA A PUNTO DE CUMPLIR LOS TRES MESES DE GESTACION TENIA MI PRIMERA CITA DEL MEDICO PARA TODOS LOS ANALICIS DEL EMBARAZO, ANTES DE ESA PRIMERA CITA ANIEL UNA MADRUGADA DE UN VIERNES SE APARCIO EN MI CASA EN LOS NARANJOS DE MARBELLA, BEBIDO A LAS 4 DE LA MAÑANA, NO ME PODRIA CREER QUE ERA EL, NO SABIA LO QUE EL HACIA A ESA HORA EN MI CASA Y PORQUE..,PORQUE EL ME HABIA DEJADO CLARO QUE NUNCA ME IVA A ACEPTAR NI A MI NI A LA CRIATURA QUE TRAÍA EN MI VIENTRE, Y LA VERDAD YA YO ME HABIA ACOSTUMBRADO A ESTAR SOLA Y QUERIA EMPEZAR UNA NUEVA VIDA SOLA, PERO COMO EL AMOR PARA MI SIEMPRE ES LO MAS IMPORTANTE, LE ABRI LA PUERTA PARA ESCUCHAR QUE ERA ESO TAN IMPORTANTE QUE QUERIA DECIRME, LE HABRO Y LE DIGO QUE QUIERES? QUE HACES AQUÍ ¿???????EL LLORANDO ME HABLO Y ME DIJO QUE DESPUES DE REFLEXIONAR ESOS MESES SE DIO CUENTA QUE ME AMABA Y QUE QUERIA ESTAR JUNTO CONMIGO PARA TENER NUESTRA HIJA, YO NO LO PENSE DOS VECES, LO ACEPTE OTRA VEZ EN MI VIDA, ESTABA EN ESE MOMENTO A PESAR DE TODO LO QUE ME HABIA DICHO TODAVIA ME SENTIA HENAMORADA Y QUERIA QUE MI SEGUNDA HIJA CRECIERA CON SUS PADRES, COMO CON MI PRIMERA HIJA HABIA SIDO UN FRACASO EL MATRIMONIO PENSE QUE ESTA VEZ SERIA PARA SIEMPRE, COMO SIEMPRE LO E QUERIDO ....PERDONE A SU FAMILIA POR TODO EL DAÑO QUE ME HABÍAN CAUSADO ESOS PRIMEROS MESES DE EMBARAZO, ELLOS NUNCA ME TRATARON IGUAL PERO ESTABAN ALLI. PASAMOS LOS MEJORES MOMENTOS EN

LOS PRIMEROS MESES DE EMBABAZOS ENTRE VIAJES A NORUEGA OSLO CON SU MADRE Y A ESPAÑA, ESTABA MUY CANSADA DE ESTAR EN NORUEGA. LE PEDI QUE ME DEJARA VOLVER, Y ME DIJO QUE SI, NOS FUIMOS A VIVIR A LA CASA VILLA CARLOS EN SAN PEDRO DE ALCANTARA EN MARBELLA, DONDE SOLIA VIVIR SU PADRE ARS, ALLI NOS ISIMOS DE UNA HABITACION PARA LOS TRES DILAYLA VIVIA ENTRE SU PADRE QUE VIVIA CERCA Y CON NOSOTROS, CERCA DEL PARTO CON CASI 8 MESES TUVIMOS UNA DISCUSIÓN MUY FUERTE, EN EL RESTAURANTE ROOM, ME DESPIERTO A LAS 7 DE LA MAÑANA Y ME DOY CUENTA QUE NO HABIA LLEGADO A CASA, COJO EL COCHE Y ME ACERCO AL RESTAURANTE PORQUE NO ME CONTESTABA EL TELEFONO, LLEGO AL RESTAURANTE Y ALLI ESTABA EN UNA FIESTA CON MUJERES ALCHOOL, Y MAS COSAS ...ME PUSE LOCA EL ESTABA CON UNA CHICA EN LA PARTE DE ARRIBA EN LA OFICINA NO PUDE HACER MAS NADA QUE PEGARLE UNA BOFETADA EN FRENTE DE ELLA Y ME FUI ....ME PUSE SUPER MAL NO PODRIA CREER QUE A UNOS DIAS DE TENER A MI BEBE EL ESTARIA HACIENDO TODO ESO, ME SENTI IMPOTENTE Y LA BARRIGA SE ME PUSO DURA COMO UN HIERRO YO PENSE QUE PERDERIA A LA BEBE. GRACIAS A DIOS QUE PARECIERA QUE SIEMPRE ESTABA A MI CUIDADO O LOS ANGELES TODO PASO SIN PELIGRO, ...UNOS DIAS DESPUES DE ESA TREMENDA PELEA ME PUSE DE PARTO ERAN COMO LAS 4 DE LA TARDE CUANDO NOS FUIMOS AL HOSPITAL DE MARBELLA COSTA DEL SOL, MI NIÑA NACIO A LAS 3 Y 45 DE LA MADRUGADA DEL DIA 12 DE SEPTIEMBRE DEL 2008 LE PUCIMOS DE NOMBRE GRACE YUDITH, POR EL AMOR Y POR TODO LO QUE TUVE QUE PASAR PARA SALVARLA MARIANE MADRE DE ANIEL ME DIO LA IDEA DE EL PRIMER NOMBRE Y ASI LE PUSIMOS, DECIDIMOS PONERLE MI APELLIDO PRIMERO EN VEZ DEL DE ANIEL CREIAMOS QUE ERA MAS BONITO QUE EL DE

EL Y PARA MI FUE PERFECTO, GRACE YUDITH MARTINEZ ASI SE LLAMA LA PEQUEÑA DE MIS DOS HIJAS, DESPUES DE TODO ELLA ESTABA VIVA GRACIAS A MI, LO PRIMERO QUE HIZO GRACE AL NACER FUE ABRIR LOS OJOS AZULES, LO QUE YO TODA MI VIVA DESDE MUY JOVEN HABIA SOÑADO TENER UNA HIJA CON OJOS AZULES, ALGO QUE TODOS DECIAN QUE ESO SERIA IMPOSIBLE PORQUE MIS OJOS ERAN MARRONES Y BIEN OSCUROS, SE ACABABA DE CUMPLIR OTRO DE MIS SUEÑOS, ANIEL ME DECÍA QUE PODIAN CAMBIEAR DE COLOR A MARRON OSCUROS COMO LOS MIOS PERO YO LE DIJE NO, NO, NUESTRA HIJA TENDRIA LOS OJOS AZULEZ COMO NACIO Y LOS TENDRIA ASI TODA SU VIDA Y ASI ES …… (PAUSA), ESTE LIBREO ES UNA PRUEBA VIDENTE QUE PASE LO QUE PASE EN TU VIDA NUNCA DEBES CANSARTE DE LUCHAR POR TUS SUEÑOS PORQUE SI ERES CONSISTENTE EN LA VIDA, VISUALIZAS TODO LO QUE QUIERES Y COMO QUIERES LAS COSAS EN TU VIDA SIN CANSARTE DE LUCHAR, DECIR Y PEDIR AL UNIVERSO LO QUE QUIERES, VERAS COMO LA

VIDA TE DARA TODO POR LO QUE LUCHAS POR LO QUE QUIERES Y TE LLEGARA TARDE O TEMPRANO Y SE HARAN REALIDAD SI LO PIDES CON EL CORAZON.

LA SEGUNDA PRINCESA DE MI VI NACIO Y ERA LO MAS TRANQUILO DEL MUNDO TOTALMENTE DIFERENTE DE DILAYLA QUE ERA LLORONA E INTRANQUILA, CUMPLIENDO LOS DOS MESES NOVIEMBRE 2008 LLEGO UNA CRISIS MUNDIAL, Y ANIEL Y SU FAMILIA ENTRARON EN BANCARROTA. DECIDIERON VENDER LOS RESTAURANES A UN PRECIO MUY BAJO Y VOLVER A SUECIA, NOS FUIMOS A ESTOCOLMO EL 23 DE DICIEMBRE 2008 GRACE TENIA SOLO DOS MESES, MUY PEQUEÑITA NO TENIAMOS DONDE VIVIR, ESTABAMOS TODOS EN EL HOTEL QUE HOY SE LLAMA VILLA SOLLUDEN, DONDE EL Y SU PADRE SON DIRECTORES Y TIENEN ACCIONES, ALLI ESTUVIMOS HASTA QUE CONCEGUIMOS UN

APARTAMENTO EN EL CENTRO DE ESTOCOLMO CITY, MIENTRAS ME ADACTABA OTRA VEZ A OTRO PAIS FRIO, OSCURO MI NIÑA CRECIA SANA Y BELLA, DILAYLA SE VINO CON NOSOTROS A VIVIR ELLA ESTABA FELIZ DE ESTAR EN SUECIA NUNCA HABIAMOS VIVIDO FUERA DE ESPAÑA, YO ESTABA FELIZ CON MIS DOS NENAS Y EL HOMBRE DE MI VIDA. AL QUE AMABA CON TODAS MIS FUERZAS

LA FELICIDAD EN ESTOCOLMO NOS DURÓ MUY POCO, ANIEL

CAMBIO TOTALMENTE PARECIA OTRA PERSONA PARECIA QUE LO HABÍAN CAMBIADO POR OTRO HOMBRE NO LO RECONOCÍA, MUCHAS VECES LE DECIA PORQUE AS CAMBIADO TANTO ?QUE TE A PASADO ?SE HABIA CONVERTIDO EN UN MOSTRUO ...

SEGUIMOS EN ESTOCOLMO GRACE CRECÍA RÁPIDAMENTE DILAYLA EMPEZABA EL COLEGIO SUECO Y ESTABA FELIZ. EXTRAÑABA A SU PADRE Y A ESPAÑA, HACIA AMIGOS NUEVOS Y LE GUSTABA ESTAR ALLI, EMPEZÁBAMOS UNA NUEVA VIDA EN UN PAIS DIFERENTE DE TODO A LO QUE ESTÁBAMOS ACOSTUMBRADOS, ERA MUY FRIO OSCURO Y MUY TRISTE PERO COMO ESTABAMOS BIEN POR EL MOMENTO ME PARECIA EL MEJOR PAÍS DEL MUNDO, ESTABA LLENA DE AMOR Y CON GANAS DE LUCHAR Y SEGUIR ADELANTE HASTA QUE ME DI CUENTA QUE ESTABA EQUIVOCADA, ESTUVE TRABAJANDO EN DIFERENTES SALONES DESPUES DE PASAR UNOS CURSOS DE UÑAS Y MASAJES, NATHACHA ESTOCOLMO ERA UNO DE LOS MEJORES SALONES EN ESE TIEMPO EN EL CENTRO DE ESTOCOLMO, ERA UN SALON MUY NOMBRADO, LA DUEÑA NATHACHA ERA COMPRENCIBLE CON LOS EMIGRANTES ELLA HABIA SIDO UNA Y AHORA TENIA UN SALON. CUANDO ANIEL QUISO DEFINITIVAMENTE TERMINAR LA RELACION LA

NIÑA TENDRIA UNOS 10 MESES PERO DESDE QUE TENIA
8 MESES ESTABAMOS MAL, SUS SALIDAS, FIESTAS ERAN
LOS MOTIVOS DE NUESTRAS PELEAS, UNOS DE ESOS
DIAS YO ME ENCON TRABA TRABAJANDO EN EL SALON
Y RECIBO UNA LLAMADA DE LA EDITORA DE LA REVISTA
COSMOPOLITAN EN ESTOCOLMO, ME LLAMA DE PARTE
DE NATHACHA ELLA ME PREGUNTA QUE SI QUERIA
PONER UN PEDASITO DE MI HISTORIA EN UN ARTICULO
DE VARIAS PEQUEÑAS HISTORIAS DE JOVENES DE LA
CIUDAD QUE ELLA ESTABA ADITANDO PARA PONERLAS
EN LA REVISTA, HITORIAS QUE LE DARIAN A LAS JOVENES
CONSEJOS PARA LA VIDA Y EL AMOR, ELLA QUERIA QUE
YO CONTARA LO QUE ESTABA PASANDO CONMIGO, LE
DIJE QUE ESTABA DE ACUERDO, EL ARTICULO SALIO EL
DIA 12 DE DICIEMBRE DE 2010.

YO TODAVÍA NO HABLABA MUY BIEN EL IDIOMA
SUECO PERO ELLA ENTENDIO LO QUE QUERIA EXPRESAR

ANIEL COMENZO A TRABAJAR CON SU PADRE, Y AHÍ
YA NO HABIA SOLUCION NI VUELTA A TRAS.

ANIEL SE VA DE LA CASA, DILAYLA, GRACE Y YO
NOS QUEDAMOS SOLAS EN ESE PAIS QUE APENAS
EMPESABAMOS A CONOCER. LA VERDAD YO SENTIA
QUE ESO ERA LO QUE EL SIEMPRE HABIA QUERIDO
DEJARNOS ...

ANIEL NOS DEJO Y ESTA VEZ SERIA SIEMPRE NO
VOLVERÍA JAMÁS. ANIEL Y SU FAMILA SIEMPRE NEGARON
A LA

NIÑA GRACE Y HASTA PENSARON QUE NO ERA SU
HIJA Y QUISIERON ACERLE LA PRUEBA DE PATERNIDAD,
ANIEL EN UNAS DE LAS COMVERSACIONES QUE TUVIMOS
ME LO CONFESO, LO QUE NO SE ESPERARON NUNCA FUE
QUE LA NIÑA NACIERA IGUAL A EL, ESO LOS TRASTORNO
AL PUNTO QUE LES DABA VERGÜENZA A TODOS
MIRARME A LA CARA, ELLOS TENIAN UN PLAN..QUERIAN

DESAPARECERME, ARS SE ENZAÑO MAS CONMIGO, YA QUERIAN QUE PASARA ALGO PARA PODER QUITARME A MI PEQUEÑA, UN DIA DISCUTIMOS DESPUES DE MUCH0S MALTRATOS. LES CUENTO UNA DE LAS HISTORIAS.

NOS HABIAMOS IDO DE VACACIONES A THAILANDIA TODO FUE BIEN A LA HORA DE REGRESAR A SUECCIA ME DEJA EN EL AEROPUERTO DE BANGKOK TENIAMOS PROBLEMAS CON LOS VUELOS DE SALIDA Y MI VUELO NUNCA SALIO, EL SE FUE EN OTRO VUELO Y YO ME QUEDE EN TAILANDIA CON LA NIÑA SOLA …CON 8 MESES SIN CASI DINERO, EMPECÉ A DAR GRITOS EN LA SALA DE ESPERA DONDE POR LOS GRANDES VENTANALES VEIA SALIR AL AVION DONDE EL SALIA PARA ESTOCOLMO, YO ESTABA DESPEDAZADA SIN SABER QUE PENSAR SOLO DABA GRITOS CON LA NIÑA EN BRAZOS SOLA EN ESE LUGAR, HABIA SIDO LA PRIMERA VEZ EN MI VIDA QUE ME PASARIA ALGO ASI, POR ESO ESTABA TAN NERVIOSA, NO PUDE DORMIR PENSANDO QUE SERIA DE MI Y DE LA NIÑA ALLI SOLAS TENIA QUE PAGAR OTRO VUELO Y NI SABIA PORQUE, LLAME A LA EMBAJADA SUECA A PEDIR AYUDA, Y ASI FUE QUE PUDE SALIR DE ALLI, EL CÓNSUL DE LA EMBAJADA PAGO EL BILLETE DE VUELTA A ESTOCOLMO, ANIEL DECIA QUE NO TENIA DINERO PARA COMPRAR LOS VUELOS, ME DECIA CUANDO HABLABAMOS POR TELEFONO, YO SOLA EN TAILANDIA POR DOS DIAS, PERO OTRA VEZ LA SUERTE Y LOS ANGELES NOS CUIDARON A LAS DOS, DOS NOCHES HABIAN PASADO, NO DORMI FUERON DESESPERANTES, RECUERDO QUE MIRABA POR LA VENTANA DEL HOTEL QUE APENAS TENIA PARA COMER O PAGAR LECHE PARA LA NIÑA, PERO COMO SIEMPRE APARECIA BUENAS PERSONAS QUE ME AYUDABAN, ANGELES LES LLAMO YO. PEDIA AYUDA A LOS TRABAJADORES DEL HOTEL PARA PODER COMER Y DARLE LECHE A LA NIÑA, FUERON HORAS DE DESESPERACION Y IMPOTENCIA, FUSTRACION QUE NO

PODIA CREER LO QUE ME ESTABA PASANDO.. SUFRI, LLORE MUCHO, MUCHO ME DOLIA EL CORAZON EN ESE MOMENTO ME SENTIA DESESPERADA, PERO DIOS SIMPRE A MI LADO, EN LA VENTANA DEL HOTEL MIRANDO AL CIELO LE PEDIA A DIOS QUE NOS AYUDARA, LLAMARON DE LA EMBAJADA SUECA ESA MAÑANA Y FINALMENTE LLEGO EL DIA DE QUE PUDE SALIR DE ALLI.

CUANDO LLEGUE AL AEROPUERTO DE ESTOCOLMO HABIAN 29 GRADOS BAJO CERO, EL FRIO ME CONGELABA LOS DEDOS DE MIS PIES, SOLO QUERIA LLEGAR A LA CASA, ANIEL NUNCA LLEGO A RECOGERNOS AL AEROPUERTO CO MO HABIA PROMETIDO, FUE TERRIBLE TAPE A LA NIÑA CON MANTAS QUE ME DIERON EN EL AVIÓN PARA DARLE CALOR, YO TENIA MUCHA RABIA QUE EL NUNCA LLEGO A RECOGERNOS POR ESTAR DE FIESTA CON SUS AMIGOS.

LLEGUE A LA CASA Y EL NUNCA LLEGO HASTA EL DIA SIGUIENTE EN LA MAÑANA, LA DISCUSIÓN FUE LETAL ESAS FUERON UNAS DE LAS TANTAS COSAS QUE DEBILITARON LA RELACIÓN, OTRO DIA TAMBIEN UNA HISTORIA, ME LLEVO A UNA BODA DE UNOS AMIGOS SUYOS Y ME HIZO PASAR LA PEOR VERGÜENZA DE MI VIDA DELANTE DE TODOS SUS AMIGOS SUECOS, HUMILLADA ME DEJO SOLA EN TODO EL TIEMPO QUE DURO LA CEREMONIA …SOLA EL

DÍA Y LA NOCHE, ME TUVE QUE VOLVER SOLA EN TREN LEJOS DE LA CASA ASI COMO TANTAS COSAS MAS QUE ME HIZO, EN EL POCO TIEMPO QUE DURAMOS JUNTOS EN SUECIA, HASTA QUE NOS DEJO SOLAS COMPLETAMENTE COM O DIJE EN EL PARRAFO ANTERIOR, CUANDO NOS DEJO A MI Y A MIS DOS HIJAS SOLAS GRACE TENIA SOLO 10 MESES, UNAS DE LAS VECES QUE VENÍA A VISITAR A LA NIÑA EL SIEMPRE ME DECIA QUE NO TENIA A NADIE QUE ESTABA SOLO, YO LE VI LOS EMAIL EN SU IPAD DE UNA MUJER SUECA, ELLA LE MANDABA FOTOS

Y VIDEOS EROTICOS DESNUDA …….. TOCANDOCE SUS PARTES, ES SU MUJER HOY DIA…… VICTORIANA SE LLAMA …………………

CADA VEZ QUE VENÍA A VER LA NIÑA QUERÍA TENER RELACIONES CONMIGO Y AVECES ME OBLIGABA… CADA VEZ QUE VENÍA A VERNOS TENIAMOS PROBLEMAS, EL YA ESTABA CON OTRA MUJER PERO NO LE BASTABA CON ELLA Y HASTA ME PROPUSO UNA VEZ QUE ESTUVIERAMOS JUNTOS SIN QUE NADIE LO SUPIERA …………..LE DIJE QUE JAMAS YO HARIA ALGO ASI ……………………………YO SOY LA MADRE DE TU HIJA LE DIJE ………FUERON MOMENTOS DE MI VIDA MUY MUY DEBASTADORES EL CORAZON ME DOLIA A DIARIO.

SUFRI MUCHO POR MUCHO TIEMPO, PERO MERECIO LA PENA PUES EL NO FUE NI SERIA NUNCA EL HOMBRE QUE YO SOÑABA TENER EN MI VIDA, ME HABIA ENAMORADO DE LA PERSONA EQUIVOCADA, COMO PADRE EN ESE ENTONCES NO ERA BUENO, NO ERA UN BUEN PADRE EN AQUEL TIEMPO, CON LOS AÑOS ESTO FUE CAMBIANDO EL NO ESTABA APEGADO CON GRACE PARA NADA, ESO CAMBIO DESPUES ……………EL NO ME AYUDABA CON NADA, NI ECONOMICO, NI NADA, LA NIÑA ERA MUY PEQUEÑA CASI NUNCA ESTABA CON EL A MI ME COSTABA MUCHO TRABAJAR Y TENERLA AL MISMO TIEMPO, TENIA MUCHOS PROBLEMAS PARA LLEVAR TODO YO SOLA VIVIAMOS CAMBIANDONOS DE CASAS TODO EL TIEMPO, EL PROBLEMA DE LOS ARQUILERES EN SUECIA ERA GRANDE Y LO SIQUE SIENDO HOY EN DIA, ERA DURO PERO YO TRABAJABA MAÑANA Y NOCHE PARA PODER SOBREVIVIR CON MIS HIJAS, ALGUNAS AMIGAS ME AYUDABAN, NUNCA NOS FALTO PARA COMER GRACIAS A MI FUERZA DE VOLUNTAD Y SI LES DIGO LA VERDAD …NO SE COMO ME LAS ARREGLABA PERO ALGO SIEMPRE VENIA DESDE UNA POTENCIA MAYOR QUE ME AYUDABA EN EL MOMENTO QUE LO NESECITABA, CADA

DIA ERA PEOR QUE EL OTRO, GRACIAS A AMIGAS COMO YENNI, LUISA Y LIDICES (ALIAS LILY) ENTRE ELLAS Y MI TRABAJO SOBREVIVÍA A ESE TERRIBLE INRIERNO QUE ESTABA VIVIENDO EN ESE PAÍS.

TAMBIÉN OTRA AMIGA PETIA ME AYUDÓ VARÍAS VECES A RECOGER LA NIÑA DE LA GUARDERIA, TODO ERA MUY DIFÍCIL MIENTRAS ME ACOSTUMBRABA AL PAIS AL IDIOMA SUS COSTUMBRES Y EL SISTEMA DE GOBIERNO QUE ES EL PEOR QUE HABIA CONOCIDO JAMAS, PAIS MUY RACISTA, CORRUCTO ESA FUERON MIS CONCLUCIONES POR LO QUE ME PASO A MI UN PAR DE AÑOS MAS TARDE QUE AQUÍ LES CONTARE, UN SISTEMA DE DOS CARAS Y CON UN ALTO NUMERO DE SUICIDIOS ENTRE PERSONAS DE 16 AÑOS DE EDAD HASTA PERSONAS MAYORES DE EDAD SE QUITAN LA

VIDA DIARIAMENTE EN ESE PAIS O TOMAN PASTILLAS PARA LA DEPRESION Y SOBREVIVIR PARA SENTIRSE MEJOR ALLI.

YO LO INTENTE, INTENTE SOBREVIVIR ME DEDIQUE A TRABAJAR Y CUIDAR DE MIS HIJAS Y ESPERAR A QUE ALGO BUENO LLEGARA A NUESTRAS VIDAS, NADA PASABA TODO EMPEORABA CADA DIA, GRACE CUMPLÍA SU PRIMER AÑITO SE LO CELEBRAMOS EN EL HOTEL DONDE ANIEL Y SU FAMILIA VIVIAN, TODAS MIS AMIGAS FUERON Y LO MÁS IMPORTANTE GRACE LO PASO MUY BIEN.

EXACTAMENTE AL AÑO DE ESTAR SOLA CONOZCO A ATS SUECO UN EMPRESARIO DE LA

CIUDAD LO CONOCÍ COMO EN LOS CUENTOS DE ADAS, PERO NO FUE COMO EN LOS CUENTOS CLARO, TODAVIA NO A LLEGADO ESE HOMBRE QUE SUEÑO QUE LLEGUE ......PERO LLEGARA LO SE Y TENGO LA SEGURIDAD DE ESO .... SOLO TENGO QUE PEDIRLO Y DESEARLO CON MUCHA FE Y ME LLEGARA ...... A

ATS LO CONOCI TRABAJANDO EN UNA CASA DE GENTE ADINERADA DONDE ERA SIRVIENTA Y NIÑERA DE UNA FAMILIA MARABILLOSA CON DOS NIÑOS PRECIOSOS.

HACIENDO LOS PREPARATIVOS DE UNA TIPICA FIESTA DE VERANO SUECO,

ALLI LO CONOCI, ATS SEÑOR MUY ELEGANTE AMIGO DE LA FAMILIA DONDE ESTABA TRABAJANDO LA PAREJA QUE SE LLAMA NINA Y FREDERICKO ERAN MUY DIVERTIDOS Y MUY BUENAS PERSONAS, YO SIRVIENDO LOS VINOS Y LOS CANAPES, EL SEÑOR TAN ELEGANTE Y MUY EDUCADO ATS ME MIRABA Y MIRABA NOS CRUSAMOS LAS MIRADAS VARIAS VECES HASTA QUE ME DIJO QUE ME QUERIA INVITAR UN DIA A CENAR Y LE DIJE QUE QUIZAS, YO CONTINUE TRABAJANDO EN LA FIESTA HASTA LA MEDIA NOCHE, YO COMO EL CUENTO DE LA CENICIENTA YA ME IMAGINABA CASANDOME Y SIENDO MUY FELIZ, EL ERA MUY GUAPO Y ATRACTIVO MAYOR

QUE YO UNOS 15 AÑOS PERO SE VEHIA MUY JOVEN PARA LA EDAD QUE TENIA.

NO PENSABA MUCHO EN EL..LO VEIA DIVERTIDO PERO MI CORAZON ESTABA COMO UNA ROCA CONJELADA NO SENTIA NADA, YO TRATABA DE SENTIR PERO NADA NO ME ENTRABA NADA EN MI CORAZON, UN DIA CAMINANDO DE LA PARADA DEL AUTOBÚS ASI LA CASA DE MIS JEFES PARA COMENZAR MI

DÍA DE TRABAJO, EL PASABA CON SU COCHE DESCAPOTADO UN DIA SOLIADO DE ESTOCOLMO Y ME DIJO TE LLEVO????????? LE DIJE QUE SI ....

ME DEJO EN LA CASA Y EL CRUZANDO ENTRO A LA DE EL, ME DI CUENTA QUE EL VIVÍA JUSTO EN FRENTE DE DONDE YO TRABAJABA, NOS INTERCAMBIAMOS NUESTROS NUMEROS DE TELEFONOS Y DESDE ESE DIA NOS ESCRIBÍAMOS..SU CASA

MUY BONITA CERCA DEL LAGO UN LUGAR FAMOSO LLAMADO JOROGARDEN.

ANIEL YA ESTABA FUERA DE NUESTRAS VIDAS Y DE MI CORAZON, VEIA LA NIÑA DE VEZ EN CUANDO, ENTRE AQUÍ Y ALLA PASARON LOS AÑOS ANIEL NO ME PASABA NADA DE DINERO Y YO COMO NO SABIA NADA DE COMO FUNCIONABAN LAS COSAS EN SUECIA NO TENIA TIEMPO PARA ESTAR BUSCANDO O AVERIGUANDO MIS DERECHOS EN ESE PAIS, TENIA TRES DIFERENTES TRABAJOS PERO YA ME SENTIA MUY AGOTADA, NO ERA FELIZ, LA VIVIENDA EN SUECIA ERA LO PEOR EL SITEMA ERA HORRIBLE VIVIA DE UN LADO A OTRO, QUE SOLO QUERIA QUE LA RELACION DE ATS CONMIGO FUERA SOLIDA PARA VIVIR JUNTOS E INTENTAR SER FELIZ DE ALGUNA MANERA PERO EL NUNCA ME LO PIDIO, YO NO ME ENAMORABA DE EL, PERO LO QUERIA. ME DI CUENTA QUE EL NO ERA TAMPOCO EL HOMBRE QUE ME HARÍA FELIZ, AUN ASI SEGUI CON EL PORQUE ME AYUDABA A SOBREVIVIR,

PERO NUNCA ME ENAMORE DE EL, EN ESE MISMO AÑO MI PADRE ME DA LA NOTICIA QUE MI ABUELITA LA MUJER QUE ME CRIO Y A LA QUE MAS E QUERIDO, ESTABA MUY ENFERMA Y UNOS DÍAS MÁS TARDE DE DECÍRMELO MI ABUELA FALLECE, CUANDO SUPE DE SU ENFERMEDAD GRACE ESTABA MUY PEQUEÑA Y INTENTE IR A VERLA PERO LA ECONOMÍA NO ME LO PERMITIO Y ATS NO QUISO AYUDARME EN ESO Y NO PUDE IR Y DESPEDIRME ANTES DE SU MUERTE.

ESO FUE MUY DOLOROSO PARA MI, LA PASE MUY MAL UNOS MESES LLORANDO Y ACORDÁNDOME DE ELLA CADA DIA POR MUCHOS TIEMPO, SIEMPRE LA TENGO EN MI MENTE NUNCA SE IRA DE MI CORAZON, ME ACORDABA MUCHO DE MI INFANCIA Y DE ELLA SUFRI VARIOS MESES PERO TENIA QUE SEGUIR ADELANTE Y COJER FUERZAS, LEVANTE LA CABEZA Y SEGUI COM NI VIDA AUNQUE PENSANDO EN ELLA CADA DIA Y PIDIENDO QUE DESDE EL CIELO NOS PROTEGIERA Y NOS GUIARA, ME DOLIA EL ECHO QUE NO HABIA PODIDO ABRAZARLA ANTES DE IRSE DE ESTE MUNDO, ESO FUE ALGO QUE ATS SIN DARCE CUENTA HIZO QUE NUNCA ME

ENAMORASE DE ÉL, Y SIEMPRE SE LO TUVE EN CUENTA, PERO EL HERA LO UNICO QUE TENIA EN ESE PAIS Y AVECES HACIA COSAS QUE ME HACIAN LA VIDA UN POCO MAS FACIL Y ME CONFORMABA CON ESO. ME LLEVABA A CENAR O A ACOMER ME HACIA ALGUNOS REGALOS Y ME AYUDABA EN MEDIO DE AQUELLA VIDA VACIA QUE LLEVABA EN ESE PAIS

ASI PASARON DOS AÑOS, ANIEL EMPESÓ A TENER LA NIÑA UN DIA ENTERO Y EN LA NOCHE ME LA TRAÍA DE VUELTA, ASI ENTRE ATS, LAS NIÑAS EL TRABAJO PASARON DOS AÑOS CASI TRES CUANDO ME VINO A LA CABEZA LA IDEA DE IRME DE ESE PAIS, NO PODIA SEGUIR PERDIENDO MAS TIEMPO ALLI, NO ERA FELIZ, ATS NO SE CASARIA CONMIGO O ME LLEVARIA A VIVIR CON EL

NUNCA, NO QUERIA VIVIR EN UN PAIS DONDE YO NO TENIA NADA, ESTABA SOLA Y NO VEÍA QUE AVANZABA EN NADA POR MUCHO QUE ESTUDIARA, LA VIDA TODO EN GENERAL NO ERA NADA FELIZ, LE DIJE A ANIEL QUE QUERÍA VOLVERME A ESPAÑA CON LAS NINAS, EL ME DIJO QUE SI QUE POR EL ESTABA BIEN, QUE ME FUERA QUE EL VENDRIA A VER A GRACE DE VEZ EN CUANDO, AHÍ FUE DONDE YO YA ME DI CUENTA QUE A EL NO LE IMPORTABA NADA MAS QUE SU TRABAJO Y SU DINERO EN ESE MOMENTO, EL HABIA CAMBIADO MUCHO, ANIEL SE TRANFORMO EN SUECIA A UN MOUTRO SIN UNA GOTA DE SENTIMENTOS O CORAZON. COMPRE LOS BILLETES Y ME FUI A MARBELLA CON LAS DOS NIÑAS, DILAYLA SE QUEDA A VIVIR OTRA VEZ CON SU PADRE POR UN TIEMPO, ELLA LE GUSTABA LA IDEA DE VIVIR UNOS MESES EN EL AÑO CON SU PADRE, HABLE CON MI PADRE QUE EN ESA EPOCA ESTABA TENIEDO PROBLEMAS CON SU MUJER.

,SE HABIAN CASADO CUANDO YO TENIA 13 AÑOS DE EDAD, ELLA TENIA 19 JOVEN MI PADRE SIEMPRE LE GUSTABA TENER MUJERES JOVENES. LLEVABAN JUNTOS MUCHOS ANOS YA TENIAN DOS HIJOS QUE YA ERAN ADULTOS LA MUJER DE MI PADRE SE QUERIA SEPARAR DE EL DESPUÉS DE 25 AÑOS, VINE EN EL PEOR MOMENTO PARA PEDIR AYUDA, ELLOS NO PODIAN AYUDARME.

YO NO TENIA COMO EMPEZAR OTRA VEZ UNA VIDA EN MARBELLA DESPUES QUE ME HABIA IDO HACIA ALGUNOS AÑOS DE ALLI, TODO HABIA CAMBIADO PARA PEOR CON LA CRISIS QUE TENIA EL PAIS DESDE 2008,DESIDI VOLVER A SUECIA Y ATS ME AYUDO A COCEGUIR UNA CASITA EN EL BOSQUE SUPER LEJOS DE LA CIUDAD, EL NO QUERIA QUE YO VIVIERA CON EL PORQUE SU HIJA NI A EL LE GUSTABAN LOS NIÑOS.

ASI PASAMOS EL INVIERNO DEL 2012 GRACE TENIA YA 4 AÑITOS MUCHO FRIO Y SIN AYUDA TODAVÍA DE

NADIE EXECTO MIS AMIGAS QUE SIEMPRE ESTABAN ALLI PARA AYUDARME. NO TENIA COCHE, TENIA QUE COJER TRANSPORTE PUBLICO CON EL FRIO TAN GRANDE QUE HACIA, FUE MUY DURO Y SACRIFICADO, EN EL BOSQUE EN UNA PUEBLITO DE LAS AFUERAS DE ESTOCOLMO ALLI EMPECÉ A CAER EN UNA GRANDE DEPRESION, SOLO COMIA Y NO PODIA TRABAJAR ME SENTIA PERDIDA SIN ESPERANZAS DE VIVIR, PERO SIEMPRE HAY UNA LUZ EN EL FONDO DEL TUNEL. ATS ME AYUDABA PERO NO ERA SUFICIENTE ME LLENE DE DEUDAS Y NO PODIA PAGARLAS, LA SOCIAL NOS SOLIA AYUDAR UN POCO PERO NO ERA SUFUCIENTE, TENIA QUE HACER ALGO, DECIDI CAMBIAR MI VIDA HACER ALGO O ME IVA A MORIR ALLÍ, MIS HERMANAS QUE VIVIAN EN ITALIA ESTABAN PLANEANDO UN CAMBIO QUERÍAN EMIGRAR A ESTADOS UNIDOS, ANTES QUE LOS DERECHOS DE LOS CUBANOS CAMBIARAN, TODAS TENIAMOS PASAPORTE CUBANO ASI QUE PODIAMOS APROVECHAR ESA OPORTUNIDAD, YO PENSABA EN GRACE ERA TODAVIA MUY PEQUEÑA TAMBIEN PENSABA SI ANIEL ME DARIA EL PERMISO PARA LLEVÁRMELA CONMIGO. ESO ERA UN SUEÑO QUE LO VEIA UN POCO LEJANO, PERO ESTABA EN MI MENTE, ME EMPECÉ A SENTIR MAL Y ME FUI VER UN DOCTOR, EL DOCTOR ME MANDO UN TRATAMIENTO PARA LA DEPRESION DESPUES DE TRES MESES DE ESTAR CON EL TRATAMIENTO ME DI CUENTA QUE EL 90 PORCIENTO DE LA POBLACION EN ESA CIUDAD DE TODAS LAS EDADES EMPESANDO EN LA EDAD DE LA ADOLECENCIA TOMABAN LAS MISMAS PASTILLAS QUE YO ESYABA TOMANDO, EXACTAMENTE LAS MISMAS QUE ME HABIAN DIAGNOSTICADO EL DOCTOR A MI, COMO LO SUPE? MI VECINA DE ARLADO LA TOMABA, UNA QUE ALQUILABA EN UNA DE LAS HABITACIONES DONDE YO VIVIA LA TOMABA MI AMIGA YENNI TAMBIEN ME QUEDE SORPRENDIDA, EMPECÉ A PREGUNTAR Y ERAN TODOS, O CASI TODOS, ME DIO UN MIEDO INTERNO QUE ME QUEDE

PARALIZADA CUANDO ME DI CUENTA QUE ME ESTABA MATANDO LENTAMENTE, EL AMOR A MI HIJA ME TENIA SIEGA Y NO ME DEJABA MIRAR MAS ALLA DE LA VIDA QUE TENIA ALLI, ME ARRODILLABA PIDIENDOLE A DIOS UNA SALIDA, LLORANDO, TIRE TODAS LAS PASTILLAS UN DOMINGO EN LA TARDE POR EL INODORO, ME HABIAN DICHO QUE SI DEJABA EL TRATAMIENTO DE UNA VEZ PODRIA ESTAR BIEN MAL LAS PRIMERAS SEMANAS HASTA QUE EL CUERPO SE ACOSTUBRARA A ESTAR SIN LA MEDICACION QUE ACTUABA COMO UNA DROGA, LA PASE MUY MAL, ME CAIA EN LA CALLE ME DABAN MUCHOS MAREOS NO PODIA COMER BIEN, SE ME CAIA EL PELO ESTABA MUY MAL.

SE ME FUE PASANDO TODO AQUEL MALESTAR POCO A POCO EN ESE MOMENTO ANIEL Y YO TENIAMOS LA CUSTODIA DE GRACE COMPARTIDA.

EMPECÉ HACER ABERIGUACIONES CON ABOGADOS HABIA TOMADO LA DEDICION DE TERMINAR CON LA VIDA EN SUECIA Y CAMBIAR DEFINITIVAMENTE MI VIDA. ANIEL NUNCA ME HABIA PASADO DINERO PAR AYUDARME CON LA NIÑA Y EMPECÉ A AVERIGUAR LE COMUNIQUE A LAS AUTORIDASES DE LA CIUDAD QUE EL NO ME AYUDABA. CUANDO LO LLAMAN A EL PARA PREGUNTAR PORQUE EL NO ME AYUDABA ECONOMICAMENTE ENTONCES EMPESÓ EL GRAN DILEMA, VENIA PARA LLEVARCE A LA NIÑA UNA SEMAMA Y UNA SEMANA PARA MI, ASI EL NO TENIA OBLIGACION DE PASARME DINERO.

LLAME A ANIEL PARA TENER UNA REUNION PARA COMENTARLE DE MIS PLANES DE SALIR DEL PAIS, CUANDO LLEGA QUE LE DIGO QUE ME QUIERO IR DEFINITIVO DEL PAIS EMPIEZA HABLARME DE QUE EL QUERIA QUE YO SUPIERA QUE EL ME QUIERIA MUCHO, PERO QUE NO PODIA ESTAR CONMIGO PORQUE YO ERA EXTRANJERA Y EL TENIA QUE ESTAR CON UNA DE SU CLASE Y QUE FUERA SUECA PERO QUE EL SEXO CONMIGO ERA LO

MEJOR QUE EL HABIA EXPERIMENTADO EN SU VIDA, YO ME SENTI HUMILLADA Y AHORA TENIA MAS FUERZAS PARA IRME DE ESE LUGAR PARA SIEMPRE, YO YA TENIA QUE PONER TIERRA ENTRE NOSOTROS Y LE DIJE QUIERO DECIRTE ALGO, QUIERO IRME A ESTADOS UNIDOS VER COMO PUEDO HACER UNA VIDA ALLA Y QUIERO QUE ME LLEVES A LA NINA CUANDO YA ESTE PREPARADA Y TENGA DONDE VIVIR, LE PREGUNTE SI PODIAMOS HACER UN ACUERDO CON MI ABOGADA PARA PODER TENER LA NIÑA CONMIGO COMO SIEMPRE HABIA ESTADO, EL NO SE NEGO ASI QUE EMPECÉ MIS TRAMITES PARA VIAJAR, EL DIA QUE MAS FELIZ ME SENTI EN SUECIA FUE CUANDO ME DIERON LA VISA EN LA EMBAJADA AMERICANA EN EL CENTRO DE ESTOCOLMO NO ME LO PODIA CREER ERA OTRO SUEÑO QUE SE HACIA REALIDAD (IR A LOS ESTADOS UNIDOS DE NORTE AMERICA) EL MEJOR PAIS DEL MUNDO, NUNCA LO IMAGINE Y ALLÍ ESTABA SALIENDO DE LA EMBAJADA AMERICANA DE ESTOCOLMO CON LA VISA. NUNCA ME OLVIDARÉ QUE EN UNAS DE LAS PREGUNTAS QUE ME HICIERON EN LA ENTREVISTA ME PREGUNTARON, PORQUE QUIERES IR A ESTADOS UNIDOS Y LE DIJE A LA SEÑORA, ES MI SUEÑO Y PORQUE ES EL MEJOR PAIS DEL MUNDO, CUANDO SALI CON LA VISA LLAME A MI MADRE Y LE DIJE TENGO LA VISA DE ESE MARAVILLOSO PAIS ESTABA QUE NO CABIA DENTRO DE MI DE LA ALEGRIA, PREPARE TODO PARA MI VIAJE QUE ERA PARA NUNCA MAS VOLVER, AUNQUE TUVE QUE HACERLO MAS ADELANTE, EN ESTE LIBRO LE CUENTO COMO FUE QUE PASO…

AQUÍ LES CUENTO QUE PASO, ME FUI DE ESA CASA DONDE YO VIVIA, VENDÍ TODO Y LO DEMAS SE LO QUEDO ANIEL PORQUE ATS NO QUERIA NADA, COMPRÉ EL BILLETE DE AVION.

CON TODO LO QUE VENDÍ LLEGUE A REUNIR 5000 DOLARES, MI AMIGA LILY Y SU ESPOSO CALIXTO MUY

BUENOS AMIGOS ELLOS TAMBIEN VIVIAN EN ESTOCOLMO YO SOLIA TRABAJAR CON ELLOS EN SU ORGUESTA DE MUSICA LATINA, ELLOS TENIAN TAMBIEN PLANES DE IRSE EN ESOS DIAS PARA LOS ESTADOS UNIDOS, LA NOCHE ANTES DE MI VIAJE ME QUEDE EN SU CASA EN VILINBI NO MUY LEJOS DEL CENTRO, YO NO PARABA DE LLORAR PORQUE ECHABA MUCHO DE MENOS A MI NIÑA ESTABA MUY PEQUEÑITA Y ME DABA MUCHA TRISTEZA DEJARLA ESTOS DOS MESES, IVA HACER LA PRIMERA VEZ QUE NOS SEPARABMOS CON CASI 5 AÑOS QUE TENIA PERO TENIA QUE SER FUERTE PARA VER COMO PODIA CAMBIAR MI DESTINO Y ESE SUFRIMIENTO YA LLEVABA AÑOS EN SUECIA Y SOLO TENIA SUFRIENTOS, LLEGO EL DIA DEL VIAJE ME DESPEDI DE LA NIÑA Y LE DIJE QUE PRONTO NOS VERIAMOS, LILY ME HABIA DADO UN CONTACTO EN MIAMI QUE ME AYUDARIA A BUSCAR ALGO PARA VIVIR Y SALIR ADELANTE CON TODO, CUANDO LLEGUE AL AEROPUERTO DE MIAMI NO ME CREIA QUE YA ESTABA EN EL PAIS MAS POTENTE DEL MUNDO ME SENTIA FELIZ PERO ME DOLIA EL ALMA, TODO EL TIEMPO LLORANDO POR MIS HIJAS Y MAS POR GRACE QUE ESTABA TAN PEQUEÑA, PEDI ASILO EN EL AEROPUERTO Y ENSEGUIDA ME ATENDIERON, ME TRATARON SUPER BIEN CONOCI A UN POLICIA QUE ME TRATO MUY AMABLE Y ME DIO LA BIENVENIDA A ESTANOS UNIDOS ME SENTIA FELIZ COMO HACIA AÑOS NO ME SENTIA ME SENTIA CON ESPERANZA Y CON GANAS DE LUCHAR Y SALIR ADELANTE, AFUERA ME ESTABA ESPERANDO ESE HOMBRE QUE NO CONOCIA DE NADA ME LLEVO A SU CASA YO MUY AGRADECIA PERO EL ERA MUY RARO ESA NOCHE DORMI EN UN SOFA LE PREGUNTE AL DIA SIQUIENTE QUE SI PODIAMOS BUSCAR UN HOTEL PARA MI PERO EMPEZAMOS A TENER DISCUCIONES PORQUE NO QUERIA AYUDARME PARACE QUE QUERIA OTRA COSA CONMIGO, YO SOLO QUERIA EMPEZAR A TRABAJAR Y COMENZAR MI VIDA

AQUÍ, TRABAJAR TENER MI CASITA PARA CUANDO LLEGARA LA NIÑA DE SUECIA, SOLO PENSABA EN MIS DOS HIJAS DILAYLA ESTABA CON SU PAPA TAMBIEN PERO ME PREOCUPABA MAS LA PEQUENA QUE ESTABA MAS APEGADA A MI Y ERA LA PRIMERA VEZ QUE NOS SEPARABAMOS ASI, HABLE CON MI MADRE Y ME DIJO QUE MI TIA OILDA VIVIA EN MIAMI EN LA PEQUENA HABANA, LA LLAME Y ME FUI A VIVIR CON ELLA, MI TIA VIVIA EN UNA HUMILDE CASITA PERO MUY LIMPIA Y RECOJIDA CON SU ESPOSO, ME ARREGLO UN PEQUEÑO ESPACIO DETRÁS DE LA COCINA Y PUSIMOS UNA PEQUEÑA CAMITA ALLÍ.......ALLI VIVI PARA

EL TIEMPO QUE TENIA QUE ESPERAR A QUE ME LLEGARA EL NUMERO DE SEGURO SOCIAL, Y ASI PODRIA BUSCARME MI PROPIO APARTAMENTO, ME SENTIA MAS TRANQUILA DE ESTAR CON MI TIA ELLA SE PREOCUPABA MUCHO PORQUE YO SOLO SABIA LLORAR EXTRAÑABA MUCHO A MIS HIJAS

HABLABA CADA DIA CON ELLAS PERO NO ERA SUFICIENTE, ME PUSE ATRABAJAR ENSEGUIDA EN UN SALON HACIENDO MASAGES Y UÑAS, ME EMPESÓ A IR MUY BIEN TRABAJABA TODO EL DIA, ATS SEGUIA LLAMANDOME Y ME AYUDABA EN LO QUE PODIA A LOS DOS MESES ME CONSEGUI UN ALQUILER ENTRE UNA COSA Y LA OTRA EMPECÉ A ENCONTRAR A PERSONAS QUE CONOCIA DE CUBA ASI ENCONTRE A UN AMIGO, EL ME PUSO EN CONTACTO CON RAUL MUÑOZ PELUQUERO Y DUEÑO DE UN SALON DE BELLEZA EN BAL HARBOR ASI PUDE EMPEZAR A TRABAJAR CON EL EN UNA MEJOR ZONA BAL HARBOR, ME ENAMORE DE ESA CIUDAD CONSEGUI UN ALQUILER POR AQUÍ MISMO MUY CERCA, TRABAJABA MUCHO PARA CUANDO ANIEL ME TRAJERA LA NIÑA ESTUVIERA

TODO PERFECTO YA HABÍA PASADO EL VERANO, ERA CASI PASADO SEPTIEMBRE EL CUMPLE DE GRACE MI NIÑA

HABÍA PASADO Y YA ANIEL HABIA PLANIFICADO VENIR A DEJARME LA NINA EN OCTUBRE. LLEGO EL DIA 16 DE OCTUBRE 2013 ESE DIA PREPARE TODO PERFECTO PARA LA LLEGADA DE MI PEQUEÑA LE TENIA MUCHOS REGALOS, LE LLEVE UN OSO PANDA PELUCHE AL AEROPUERTO PARA RECIBIRLA.

YO YA TENIA MI PRIMER COCHE DEL AÑO, NUNCA HABIA TENIADO EN MI VIDA UN COCHE TAN NUEVO NUNCA ME HABIA SENTIDO MAS SEGURA EN MI VIDA Y CON TANTA SUERTE Y FELICIDAD.

DEFINITIVAMENTE ESTE PAIS QUE AMO Y SEGUIRE AMANDO HASTA EL FIN DE MIS DÍAS ERA PAIS QUE ME IVA HACER FELIZ.

LLEGUE AL AEROPUERTO CUANDO LA VI NOS HABRASAMOS FUE MUY EMOSIONANTE, LLORE DE ALEGRIA JUNTAS LA BESE ABRASE COMO SI NUNCA QUISIERA QUE ME LA QUITARAN DE MIS BRAZOS …

CASI TRES MESES SIN VERNOS POR PRIMERA VEZ ...FUE ALGO QUE NO PUEDO EXPLICAR MARAVILLOSO.

LLEGAMOS AL APARTAMENTO LO TENIA TODO MUY AREGLADO Y BONITO, ANIEL SE QUEDO EN NUESTRO APARTAMENTO PERO DURMIÓ SOLO ESA NOCHE Y SE FUE AL

DÍA SIGUIENTE, LA NIÑA SE QUEDÓ FELIZ, ESA NOCHE ESTABAMOS JUGANDO EN LA CAMA JUNTAS COMO SOLIAMOS HACER SIEMPRE EN LA CAMA ANTES DE SEPARNOS, Y ELLA EMPESÓ COMO A HACER UNOS MOVIMIENTOS RAROS Y ME ASUSTE LE DIJE QUE CONQUIEN O QUIEN LE HACIA ASI, SE QUEDO MUY ASUSTADA Y LE DIJE CON TU PAPA?,O CON TU ABUELO ?DIME POR FAVOR ...LE DIJE..ME DIJO SI PERO DESPUES NO ME QUISO DECIR NADA MAS, Y NUNCA MAS QUISO HABLAR DE ESO YO ME QUEDE PREOCUPADA, LLAME A MI MADRE Y LE CONTE LO OCURRIDO, EN ESE MOMENTO NO PENSE QUE LOS NIÑOS A ESA EDAD TENIAN FANTASIAS QUE NO SE EXPLICABAN PORQUE, NUNCA SUPE SI VERDADERAMENTE HABIA PASADO ALGO CON ELLA O SIMPLEMEN TE ERA UNA COSA DE NIÑOS, AL DIA SIGUIENTE HABLE CON ANIEL Y NO ME PUDO DAR NINGUNA EXPLICACION DE LO QUE HABÍA SUCEDIÓ TAMPOCO, IGUALMENTE MI INTENCION ERA QUE LA NIÑA SE QUEDARA CONMIGO EN LOS ESTADOS UNIDOS, ERA MUY PEQUEÑA Y CONQUIEN ESTARIA MEJOR CUIDADA ERA CONMIGO ESO ESTABA CLARO, LA PUSE EN UN ESCUELA PARA NIÑOS DE 5 AÑOS Y A ELLA LE GUSTABA MUCHO, YA ERA NOVIEMBRE Y ANIEL EMPESÓ A LLAMAR DICIENDOME QUE PARA CUANDO VOLVERIA CON GRACE, YO LE PEDI QUE POR FAVOR DEJARA QUE GRACE VIVIERA CONMIGO Y QUE IRIAMOS A VISITARLO CADA TRES O CUATRO MESES Y QUE ADEMAS YO TENIA QUE ESPERAR POR LA RESIDENCIA Y NO PODIA SALIR DEL PAÍS LE DIJE QUE SI ME IVA ANTES DEL TIEMPO QUE

PODRIA SER UN AÑO PERDERIA TODO LO QUE HABÍA LOGRADO Y EL DERECHO A LA RESIDENCIA, Y QUIZÁS NUNCA MÁS PODRIA ENTRAR A ESTADOS UNIDOS OTRA VEZ, EL SE NEGO TOTALMENTE Y AHÍ FUE CUANDO EMPESÓ MI PESADILLA, Y ESTA SI DURARIA AÑOS, EMPESÓ AMENAZARME QUE SI NO VOLVIA EN UNA SEMANA A SUECIA LLAMARIA LA INTERPOL, POLICIA INTERNACIONAL, YO ME ASUSTE PORQUE ESTABA COMENZANDO UNA VIDA EN USA Y NO QUERIA TENER NINGÚN PROBLEMA O PERDERIA TODO COMENCE A PREOCUPARME MUCHO, CON UN DOLOR MUY PERO MUY GRANDE EN MI CORAZON DESPUES DE PASARME NOCHES LLORANDO SIN CONSUELO PREGUNTANDO LAS POSIBILIDADES QUE TENIA, SI ME QUEDABA Y SI PODIA LUCHAR AHÍ PARA QUEDARME CON MI HIJA, PERO NO ... TODOS ME DESIAN QUE TENIA QUE IRME PORQUE PODRIA METERME EN UN PROBLEMA MAYOR, ME TUVE QUE VOLVER A SUECIA OTRA VEZ SIN NADA Y ESTA VEZ SI QUE QUE NO TENIA NADA ALLA, PERDI TODOS MIS MUEBLES MY COCHE Y MI VIDA AQUÍ EN LOS ESTADOS UNIDOS, NO SABIA SI PODIA VOLVER ALGUN DIA OTRA VEZ, NO TENIA IDEA QUE PASARIA CON MI VIDA, ANIEL ME HABIA PROMETIDO QUE ME AYUDARIA A BUSCARME UN TRABAJO Y UNA CASA DONDE PODIA VIVIR CON MIS DOS HIJAS, Y YO LE CREI DE TOOOOONTA, ME PARTIO EL CORAZON CUANDO TUVE QUE DEJAR TODO AQUÍ Y IRME. ME LLEVE CONMIGO MI SEGURO SOCIAL, MI CARNET DE IDENTIDAD LA MATRICULA DE LA FLORIDA. ERA LO UNICO QUE ME QUEDABA DE USA, NO TENIA IDEA SI ALGUN DIA PODRIA VOLVER Y ESO LO GUARDE COMO UN TESORO.

NOS VOLVIMOS A ESTOCOLMO UN 26 DE NOVIEMBRE DEL 2013.

LAS PROMESAS DE ANIEL DE AYUDARME CON CASA Y TRABAJO NUNCA FUERON VERDADERAS, YO CLARO DE

TONTA LE CREI …….. LLEGAMOS AL VILLA SOLLUDEN DONDE EL VIVIA CON SU PADRE Y TRABAJA ALLI TAMBIEN, LE DIJE QUE POR SU DESESPERO POR QUERER QUE VOLVIERAMOS HABIA PERDIDO TODO EN USA, EL DERECHO A ENTRAR A ESTADOS UNIDOS'OTRA VEZ Y A TODA UNA VIDA QUE ESTABA CONTRUYENDO ALLI, Y TODO POR NO DEJARME ESPERAR PARA MI RESIDENCIA ESO A EL NO LE IMPORTO NADA, LLEGUE A LA CALLE, ME DIJO SI NO TIENES DONDE VIVIR LA NIÑA SE PUEDE QUEDAR CONMIGO PERO TU NO. ME QUEDARIA EN LA CALLE OTRA VEZ, VOLVI A LO MISMO PEOR TODAVIA, ME FUI CON MI HIJA A CASA DE UNA AMIGA A VIVIR DESPUES A CASA DE OTRA AMIGA Y POR ULTIMO UNAS SEMANAS EN UN SOTANO DE LA CASA DE OTRA AMIGA, UN MES DESPUES LOS ASUNTOS SOCIALES ME AYUDARON A ENCONTRAR UNA CASITA EN VÄRMDÖ COMMUN CERCA DE

ANIEL TRABAJABA, ALLI EMPECÉ A TRAMITAR LA MANUTENCIÓN QUE EL ME TENÍA QUE DAR PARA LA NIÑA Y EL NO QUERIA PAGARME ASI QUE EMPEZAMOS A PELIAR CON JUESES Y ABOGADOS EL NUNCA ME EXPLICO PORQUE LA NIÑA ME HABIA DICHO LO DEL JUEGO DE ESA NOCHE EN MIAMI, PASARON ALGUNOS MESES ….

PEDI AYUDA A LA SOCIAL, TODOS MIS AMIGAS ME DECIAN QUE LA SOCIAL ME AYUDARIA, IVA CADA DIA A PEDIR AYUDA LLEVABA A LAS NIÑAS A COLE Y ME PASABA DIA Y TARDE HABLANDO PARA QUE ME AYUDARAN PERO NO ME CREIAN NI ELLOS NI NADIE, ME SENTIA PERDIDA SOLO QUERIA IRME DE ALLÍ, QUISE HACER QUE TUVIERAMOS UN JUICIO PARA QUE ME DIERAN LA COSTODIA DE MI HIJA, ASI PODIA CONCEGUIR PODER LLEVARME MI HIJA Y SALIR DE ESE PAIS DONDE NO TENIA NADA SOLO MALOS MOMENTOS Y SUFRIMIENTO. COMO NO NOS PONIAMOS DE ACUERDO ENTRE NOSOTROS, TUVIMOS QUE IR A LA CORTE, EN EL JUICIO DESPUES DE

EXPLICAR TODO LO QUE EL ME HABÍA ECHO A MI Y A MI HIJA NO HICIERON NADA. NADA AYUDO LA SITUACION

ME SENTI VURLADA NI ME ESCUCHARON NO LES IMPORTO QUE ANIEL SE HABÍA LLEVADO LA NIÑA DEL COLEGIO SIN MI PERMISO. NO LA PUDE VER NI HABLAR POR DOS

MESES, DESDE DICIEMBRE HASTA PASADO FEBRERO PEDIA AYUDA CADA DIA A LA SOCIAL Y A LA POLICIA Y NADIE HACIA NADA POR MI, NADIE ME AYUDABA A QUE PUDIERA RECUPERAR A MI NIÑA O AL MENOS A PODER VERLA, EL LA TENIA EN EL HOTEL NO LA LLEVABAN AL COLEGIO PARA QUE QUE YO NO LA FUERA A VER, NO PODIA VIVIR MAS ASI ME ESO NO ERA VIDA ME SENTIA PERDIDA SIN AYUDA. LA JUSTICIA ESTABA DE SU NPARTE POR SER SUECO, CUANDO UN DÍA DESESPERADA LOGRE HABLAR CON EL Y LLORANDO LE PEDÍ POR FAVOR QUE ME DEJARA TENER A MI HIJA DE VUELTA LE SUPLIQUE Y ME DIJO ASI, TU PUTA CUBANA NADIE TE VA A ESCUCHAR A TI PORQUE ESTE ES MI PAIS SOY SUECO NADIE TE VA A CREER, ME DICIA … YO ME QUEDE SIN PALABRAS PORQUE ERA EXACTAMENTE LO QUE ESTABA PASANDO, NADIE ME CREIA NADIE ME ESCUCHO NADIE ME AYUDO, PERO YO SEGUÍA LUCHANDO, EL JUEZ DESPUES DE TRES MESES LO OBLIGO A ENTREGARME A LA NIÑA, LA DECISIÓN ERA QUE ESTARIA UNA SEMAMA CON EL Y UNA SEMANA CONMIGO, YO NO ESTABA DE ACUERDO DESPUES DE TODO LO QUE ME HABIA TOCADO VIVIR, ANIEL SE HABIA CONVERTIDO EN UN MOUSTRO.

ENTONCES VI QUE SUECIA DEFINITIVAMENTE ERA UN PAIS SIN JUSTICIA PARA LOS EMIGRANTES YO NO VALIA NADA ALLA MI VOZ UNA MADRE EMIGRANTE A LA

QUE NO ESCUCHABAN Y NO ESCUCHARIAN JAMAS,

ME SENTÍA PÉRDIDA SIN ESPERANZAS SOLO QUERIA ESCAPAR DE AQUEL INFIERNO.

LAS AUTORIDADES NI LA SOCIAL NADIE ME QUERIA AYUDAR ME AHOGABA ME FALTABA LA RESPIRACION, NO ME SENTÍA INSEGURA, TENIA MIEDO QUE TODO TERMINARA EN ARREBATARME MI HIJA PARA SIEMPRE, EMPECE A PREPARAR MI ESCAPE CON MIS DOS HIJAS, DONDE UNICO PODIA IRME SIN QUE EL ME PUDIERA AMENAZAR OTRA VEZ ERA CUBA. ALLI ESTARIA MI MADRE PARA AYUDARME

PREPARE EL VIAJE.

OTRA VEZ A OTRA AVENTURA Y TRATAR DE GANAR LA BATALLA DE RECUPERAR A MI NIÑA Y PODER VIVIR FUERA DE SUECIA.

DESPUES DE PASARME MAS DE TRES MESES SIN VER A MI HIJA ME DABA MIEDO VOLVER A PERDERLA. COMPRE LOS BILLETES DE LAS TRES Y ME FUI ERA UN 14 DE FEBRERO DEL 2014 HABIA DEJADO TODO, YO SOLO QUERIA ESTAR FELIZ CON MIS HIJAS, NADIE SE DIO CUENTA LLEGUE A CUBA Y VI QUE TENIA MUCHAS LLAMADAS DE ANIEL, LE LLAME Y LE DIJE QUE ESTABA EN LA HABANA, ME AMENAZO …ESTAS MUERTA ME DIJO, TENIA AMENAZAS DE SU PADRE DICIENDOME POR FACEBOOK PUTA HIJA DE UN MARICON, NO ME HABIA SORPRENDIDO QUE ME TRATARAN ASI YA LO HABIAN HECHO MUCHAS VECES ANTES, YA ME HABIAN HUMILLADO TANTO QUE TODO ESO ME DABA IGUAL ME SETIA AL MENOS TRANQUILA QUE ESTABA CON MIS DOS HIJAS A SALVO, YO SABIA QUE EN SUECIA CON EL PODER QUE TENIAN ELLOS NUNCA ME IVAN A DEJAR TRANQUILA CON MI HIJA, EN CUBA ME PREOCUPABA PORQUE LAS NIÑAS LE COSTABA MUCHO ACOSTUMBRARCE ERA TOTALMENTE DIFENTE HACIA MUCHO CALOR Y LA COMIDA NO ERA LA MISMA, ATS ME SEGUIA AYUDANDO DESDE SUECIA GRACIAS A EL PODIA COMPRAR COMIDA PARA TODOS CADA SEMANA, PASARON DOS MESES DE DISCUCIONES CON ANIEL, Y YO TRATANDO DE NEGOCIAR MI SALIDA DE CUBA PERO NO

PARA SUECIA, QUERIA VOLVER A ESPAÑA MARBELLA, PERO ERA EN VANO EL NO ENTENDIA SOLO QUERIA QUE SE ISIERA SU VOLUNTAD, UN DIA YO ESTABA EN LA PLAYA CON LA NIÑAS Y ME DICE MI MADRE QUE HABIA VENIDO UN HOMBRE CON UNA MOTO Y MUCHOS TATUAJES A TRAER UNA CARTA DE ANIEL ABLANDOLE MAL DE MI, MI MADRE ROMPIO ESA CARTA PORQUE SEGÚN ELLA DECIAN COSAS MUY DESAGRADABLES DE MI, ME DABA IGUAL ESA CARTA YO SOLO QUERIA ERA UN ACUERDO PARA VIVIR TRANQUILA CON MIS HIJAS FUERA DE SUECIA, HABLABAMOS POR TELEFONO Y POR EMAIL PARA TRATAR DE LLEGAR A UN ACUERDO, YO TENIA MIEDO PORQUE GRACE NO ME COMIA CASI NADA SOLO SERIALES CON LECHE, Y TENIA QUE TOMAR UNA DECISIÓN.

QUERÍA QUE ME DEJARÁN VOLVER A ESPAÑA DONDE MIS DOS HIJAS HABÍAN NACIDO Y YO HABIA VIVIDO MÁS DE 20 AÑOS, YO LE PEDI A ANIEL QUE POR FAVOR QUE ACEPTARA QUE VIVIERAMOS ALLI QUE YO NO PODIA SEGUIR VIVIENDO EN SUECIA, ME VOLVIO A ENGAÑAR .....ME DIJO QUE SI VOLVIA ME AYUDARIA Y QUE SI ME PODIA IR A ESPAÑA CON LAS NIÑAS, YO DE INOCENTE Y TONTA OTRA VEZ CAHERIA EN LA MISMA TRAMPA .... LE DIJE QUE NO LE CREIA, QUE TENIA QUE PONERLO ANTE UN JUEZ Y ASI VOLVERIA, TENIA MIEDO QUE ME ISIERA DAÑO ...POR UNOS DIAS DEJO DE HABLARME Y DE ESCRIBIR POR CORREO ELECTRONICO, NO ME DECIA NADA NI ME CONTESTABA LAS LLAMADAS NI LOS MENSAJES, ME DI CUENTA QUE ERA EN VANO Y QUE EL NUNCA ME IVA A DEJAR TRANQUILA, DESPUES DE QUE NO ME FIRMARA LA CUSTODIA PORQUE NUNCA ME LA DIO ME FUI A ESPAÑA ME QUISE ARRIESGAR, NO PODIA SEGUIR EN CUBA PASANDOLA MAL CON MIS HIJAS, ME DIO MIEDO QUEDARME ALLA Y QUE SE ENFERMARAN.

DILAYLA LLEGANDO SE FUE CON SU PADRE, YO ME QUEDE SOLA CON GRACE, ESTUVIMOS DANDO VUELTAS DE CASA EN CASA HASTA QUE CONSEGUI UN APARTAMENTO EN SAN PEDRO DE ALCÁNTARA Y EMPECÉ A TRABAJAR EN UN SALÓN DE BELLEZA, MI PADRE ME AYUDABA EN LO QUE PODÍA YO TRABAJABA EN CAFETERIAS PARA PODER SOBREVIVIR AVECES EN LAS NOCHES

ANIEL SUPO QUE YO HABÍA LLEGADO A ESPAÑA YO NO SABÍA COMO... ESTABA TOTALMENTE INOCENTE DE QUE EL TENIA UN PLAN HORRIBLE PARA MI, ESTABA TRAMANDO ALGO PERO NUNCA LE DI IMPORTANCIA EN ESE MOMENTO ....,YO TOTALMENTE INOCENTE QUE EL TENIA EL PEOR DE LOS PLANES PARA MI, NUNCA PENSE QUE EL SERIA CAPAZ DE HACER ALGO COMO LESTO QUE LES VOY A CONTAR ....

HABLABAMOS Y TODO PARECIA ESTAR TRANQUILO, YO NUNCA PENSE QUE EL PODRIA LLEGAR A HACERME EL DAÑO QUE VENIA SOBRE MI .. YO INOCENTE DE TODO

Y OTRA VEZ CONFIE EN EL, ME LLAMA Y ME PROPONE QUE NOS REUNIERAMOS Y QUE ABLARAMOS DE TODO, YO CLARO LO QUE QUERIA ERA ESTAR TRANQUILA Y AREGLAR LAS COSAS Y ACEPTE QUE NOS VIERAMOS, YO NUNCA EN MI VIDA HABIA TENIDO PROBLEMAS DE JUSTICIA, SIEMPE HABIA SIDO UNA MUJER TRABAJADORA Y MUY SANA NUNCA ME HABIA METIDO EN PROBLEMAS, LA PRIMERA VEZ QUE YO ASISTIA A UN JUICIO FUE CUANDO EN ESTOCOLMO PEDI LA CUSTODIA DE MI HIJA GRACE, ME LA NEGARON Y POR ESO NUNCA MAS CREI EN LA JUSTICIA DE ESE PAIS, NOS VIMOS EN EL PASEO MARITIMO DE SAN PEDRO UN RESTAURANTE QUE SE LLAMABA LA TABERNA, ALLI LA HABRAZO Y ME DIJO QUE PODIAMOS VERNOS TODOS LOS DIAS PORQUE EL ESTABA EN MARBELLA PARA ASUNTOS DE TRABAJO, YO LE VOLVI A CREER EL ACTUABA MUY BIEN... TODO ERA MENTIRAS PERO YO NUNCA ME DI CUENTA DE NADA YO INOCENTE

DE TODO, AL DIA SIQUIENTE FUIMOS AL MERCADILLO DE PUERTO BANUS, TODO PARECIA IR PERFECTO YO EMPECÉ A CREER QUE EL YA HABIA ENTENDIDO Y COMO TODO UN CABALLERO ME DEJARIA VIVIR ALLI EN MARBELLA CON MIS HIJAS, ESTABA AMABLE Y ME DECIA QUE SI A TODO LO QUE YO LE DECIA, INOCENTE YO CLARO OSEA YO PENSE QUE FINALMENTE PODRIAMOS LLEGAR A UN ACUERDO Y PODRIA SER FELIZ EN ESPAÑA CON MIS HIJAS, ME QUEDE TRANQUILA. Y CASI PODIA DECIR QUE ME SENTIA FELIZ POR LO QUE ESTABA VIENDO CON EL.

AL DIA SIQUIENTE YO Y LA NIÑA ESTÁBAMOS EN LA PISCINA DEL EDIFICIO DONDE VIVIAMOS ....

EL ME LLAMA Y ME DICE QUE QUERIA PASAR LA TARDE CON NOSOTROS, LO DEJE SUBIR AL APARTAMENTO .....POR UN INSTANTE DENTRO EN MI PECHO SENTIA QUE ALGO NO ESTABA BIEN, LA NIÑA ESTABA JUGANDO EN LA HABITACION, ACABABAMOS DE SUBIR DE LA PISCINA Y YO PREPARANDO COMIDA, PERO YO SEGUIA SINTIENDO POR DENTRO COMO QUE ALGO IVA A PASAR, YO SIEMPRE E SENTIDO LAS COSAS CUANDO ALGO ESTA POR PASAR, Y ASI FUE, DESPUÉS DE UN RATO HABLANDO LO VEO RARO, TODO EL TIEMPO EN SU TELEFONO Y LE PREGUNTO QUE HACES CON EL TELEFONO TODO EL TIEMPO CON QUIEN HABLAS ¿??? EN VEZ DE JUGAR CON LA NIÑA ESTABA TODO EL TIEMPO EN EL TELEFONO, ME DICE HABLANDO CON UN AMIGO, NO LE CREÍ YO TENIA UN PRESENTIMIENTO QUE ALGO ESTABA TRAMANDO, LE PEDI QUE POR FAVOR QUE SE FUERA, EL ME DIJO QUE NO, YO ME ATERRORIZE DEL MIEDO, ME DI CUENTA QUE ALGO MUY MALO VENIA EN CAMINO Y LO SENTIA CADA VEZ MAS CERCA Y ASI FUE ......

SIENTO UNOS GOLPES FUERTES, GOLPES QUE SALIAN DEL SALON COMEDOR, ME PARO EN EL CORREDOR QUE QUEDABA EN MEDIO DE LA HABITACCION DONDE ESTABAMOS LOS TRES Y YO CON LA NIÑA EN LOS BRAZOS

ME ACERCO Y SIGUE EL RUIDO MAS GRANDE COMO GOLPES MUY FUERTES EN LA PUERTA DE ENTRADA, YO MUY ASUSTADA CON LA PEQUEÑA EN BRAZOS DIGO DIOS, ANIEL QUE AS HECHO A QUIEN AS LLAMADO A LA POLICIA? NO ME LO PODIA CREER QUE TODOS ESTOS DIAS EL ESTUVIERA ACTUANDO PARA PONERME A MI Y A GRACE EN PELIGRO Y SEPARARNOS OTRA VEZ. Y ESTA VEZ SERIA POR MUCHO TIEMPO, HABRO LA PUERTA Y ERAN DOS POLICIAS DE MARBELLA CON SUS UNIFORMES, ME PUSE MUY NERVIOSA NO SABIA QUE ESTABA PASANDO EXACTAMENTE Y PORQUE ESTABAN AQUÍ, CON LA NIÑA EN BRAZOS INOCENTE DE TODO....PREGUNTO QUE PASA? PORQUE ANIEL NUNCA ME COMENTÓ QUE ESTABA HACIENDO A MIS ESPALDAS, LA POLICIA ME DICE QUE LE DIERA LA NIÑA A ANIEL PUES EL ERA EL QUE TENIA LA CUSTODIA Y ME ENSEÑARON LOS PAPELES, LA NIÑA NO QUERIA IRSE CON EL, NO QUERIA QUE LA SEPARARAN DE MI OTRA VEZ, LLORO MUCHO GRITABA MUCHO Y YO SIN CONSUELO ME ARRODILLÉ ANTE ELLOS Y LE PEDI QUE NO ME QUITARAN MI HIJA QUE POR FAVOR QUE ME DEJARAN HABLAR CON ANIEL PERO EL SE NEGO, ME DIJO QUE NO Y QUE SE LA LEVABA AHORA MISMO, YO ME QUEDE SIN CONSUELO CASI ME MUERO DEL DOLOR TAN INMENSO QUE TENIA EN MI PECHO ME DOLÍA EL CORAZON Y EL ALMA NO PODIA CASI RESPIRAR ME SENTÍA COMO SI ME HUBIERAN ARRANCADO EL CORAZÓN EN ESE INSTANTE, ELLA TAMBIEN LLORABA MUCHO Y LE DECIA A EL PORQUE PAPA PORQUE ME LLEVAS CONTIGO Y PORQUE MAMA NO PUEDE VENIR?, PORQUE .... ELLA LE PREGUNTABA, YO SOLO INTENTABA TRANQUILIZARLA, LE DIJE VETE TRANQUILA AMOR MAMA VA DETRAS TUYA MI AMOR CON LÁGRIMAS LAS DOS LE DI SU PELUCHE.,Y LE DIJE CUANDO ABRACES ESE PELUCHE ES COMO QUE ME ESTÁS ABRAZANDOME A MI MI AMOR OK ..... ASI FUE COMO LAS DOS LLORANDO NOS

SEPARAN, LOS POLICIAS ME EMPESARON A HUMILLAR Y A INSULTAR COMO SI YO FUERA UNA CRIMINAL ME DECIAN MUJER SIN VERGÜENZA ROBAR A UNA NIÑA, ELLOS NO TENÍAN NI IDEA LO QUE ESTABA PASANDO PERO COMO EN ESPAÑA LA MUJER TENÍA TAN POCO VALOR, YO ME QUEDE SIN FUERZAS, NO TENÍA FUERZAS PARA DECIRLES QUE ESTABAN EQUIVOCADOS QUE ESA ERA MI HIJA Y ME ESTABAN SEPARANDO DE ELLA OTRA VEZ, ME QUEDE SIN SENTIDO EN EL SUELO PEGADA A LA PUERTA SE ACABAN DE LLEBAR A MI PEQUEÑA ELLA ME DECÍA PORQUE NOS SEPARABAN OTRA VEZ, MAMA, MAMA, MAMA, GRITABA POR EL PASILLO CUANDO SE ALEJABA DE MI, EL DOLOR NO LO PODÍA DESCRIBIR ERA COMO QUE ALGUIEN ME ARRANCABA EL CORAZON A PEDASOS LENTAMENTE ....

ME PUDE LEVANTAR DEL SUELO NO TENIA IDEA QUE PODIA HACER Y SOLO PENSABA EN IR DETRÁS DE MI HIJA A SUECIA, PERO NO SABIA QUE ESTABA PASANDO Y QUE DERECHOS TENÍA EN ESE MOMENTO ME SENTÍA PERDIDA, EMPECE A LLAMAR A ANIEL Y EL NO ME CONTESTABA NI MENSAJES NI LLAMADAS NI NADA, ME PUSE MUY MAL, ME FUI A CASA DE UNA AMIGA LEYDIANA ESTABA CASADA CON UN FRANCES Y ESTABA MUY BIEN, VIVIA EN FUNGIROLA CIUDAD CERCA DE MARBELLA, ME FUE ALLA EN BUS LE PEDI AYUDA CON EL BILLETE PARA VOLVER A SUECIA, Y ASI LO HICE ME VOLVI A ESTOCOLMO TRES DIAS DESPUES DE QUE ANIEL SE LLEVO LA PEQUEÑA, LLEGUE A SUECIA Y LE PEDI AYUDA OTRA VEZ A ATS, EL TODAVIA ESTABA ENAMORADO DE MI Y FORMALISAMOS UN POCO LA RELACION ENTRE NOSOTROS Y ME DIJO QUE ME QUEDARA EN SU CASA MIENTRAS ME CONCEGUIA DONDE VIVIR, ESTABA METIDA EN SUECIA OTRA VEZ PARA VER QUE PODIA HACER PARA ESTAR CON MI HIJA, YO SEGUIA DESESPERADAMENTE BUSCANDO A MI HIJA LLAMABA MUCHAS VECES AL DIA, LLAMABA Y LLAMABA

HASTA EL CANSANCIO, ATS ME CONSIGUIO DONDE VIVIR EN SODERMAL CERCA DE MI AMIGA YANNI LOQUITA PERO CON BUEN CORAZON, UN ESTUDIO ERA BIEN PEQUENITO UNA MINI COCINA Y UNA MINI CAMA, PERO YO ME CONFORME LO UNICO QUE QUERIA ERA VER A MI HIJA OTRA VEZ Y SABER COMO PODIA HACER A PARTIR DE AHORA, NO TENIA NI IDEA QUE ANIEL ME HABÍA DENUNCIADO A LAS AUTORIDADES SUECAS COMO UNA CRIMINAL, YO ESTABA TOTALMENTE INOCENTE A TODO ESO PORQUE EL NUNCA ME HABLO DE NADA ESTANDO EN MARBELLA YO SEGUIA INSISTIENDO Y LLAMANDOLO PARA VER Y TENER A MI HIJA OTRA VEZ, ANIEL RESPONDE FINALMENTE A UNO DE LOS MILES DE MENSAJES QUE LE HABIA ENVIEADO EMN ESOS DIAS, ME RESPON DE Y ME DICE QUE LLEGO A SUECIA Y QUE LA NIÑA ESTABA MUY BIEN PERO QUE NO ME DEJARIA NI VERLA NI HABLARLE A ELLA, ME BUSQUE UNA ABOGADA PARA QUE ME DIERA MIS DERECHOS Y ME DEJARA VER A GRACE PERO FUE EN VANO NADA PASO TODO EL VERANO..NI LA POLICIA, NI LA SOCIAL, NADIE ME ESCUCHO Y NADIE ME DECIA NADA, PASARON 5 MESES Y NO PODIA VER A MI HIJA, ERA UNA TARDE DE AGOSTO DEL MISMO AÑO ME SENTIA CANSADA PERO ESTABA EN UNA UNA FIESTA DE AMIGOS CON ATS EN EL CENTRO DE ESTOCOLMO LA VERDAD DESPUES DE TANTO TIEMPO DE LLANTOS Y SUFRIR POR PRIMERA VEZ ME SENTIA UN POCO ALIVIADA DEL DOLOR QUE TENIA A PESAR DE NO PODER VER A MI NIÑA NI HABLAR CON ELLA, RECIBI UN MENSAJE DE ANIEL DICIENDOME QUE LA POLICIA ME ESTABA BUSCANDO, ME SENTI INQUIETA PORQUE?....LE PREGUNTE, SI YO NO E ECHO NADA PARA QUE ME BUSQUE A MI LA POLICIA, AL DIA SIQUIENTE RECIBI UNA LLAMADA DE LA POLICIA DE NAKA, ME DIJERON QUE ME PRESENTARA AL DIA SIQUIENTE, LE PREGUNTE DE QUE SE TRATABA Y ME DIJERON QUE ME LO DIRIAN CUANDO LLEGARA ALLA, LE DIJE A MI AMIGA

YENNI QUE NO TENIA IDEA DE QUE SE TRATABA, YO COMO VIVIA CERCA SIEMPRE ESTABA CON ELLA Y SU HIJA CHANTELE. AL MENOS ME DESPEJABA Y NO ME SENTIA TAN SOLA YENNI Y YO ESTABAMOS CONFIADAS QUE ESA LLAMADA ERA PARA AYUDARME A MI SITUACION DE PODER VER A MI HIJA Y RECUPERARLA OTRA VEZ NOS ARREGLAMOS Y SALIMOS PARA ALLA ERA 23 DE AGOSTO DEL 2014,NUNCA SE ME OLVIDARA ESE DIA ESA FUE UNA FECHA INOLVIDABLE …….. PORQUE ESE DIA ME MARCO PARA TODA LA VIDA..

LLEGAMOS A LA COMISARIA DE POLICIA DE NAKA

NOS DEJARON ESPERANDO A LAS DOS EN UN A SILLA Y VIENE UN POLICIA A RECOGERME, ME DISE QUE TENGO QUE ENTRAR SOLA SIN MI AMIGA, ENTONCES YENNY SE QUEDO AFUERA ME SENTARON EN UNA SILLA Y ME DIJERON QUE TENIAN QUE QUITARME TODAS MIS PERTENENCIAS, Y YO PREGUNTE INOCENTE DE TODO, PORQUE ???ME AVIAN LLAMADO PERO NO PARA HABLAR DE NINGUNA AYUDA O RECUPERAR A MI HIJA, ERA PARA DETENERME E IR A PRISION, PORQUE TENIA UNA DENUNCIA QUE HABIA PUESTO ANIEL Y SU PADRE ARS CONTRA MI DE SECUESTRO A MI PROPIA HIJA, YO ME QUEDE PALIDA COMO UN PAPEL SIN PALABRAS, NUNCA EN MI VIDA NUNCA, NUNCA, NUNCA, HABIA ESTADO PRESA O HABIA TENIDO ALGO QUE VER CON POLICIA EN MIS 45 AÑOS DE VIDA QUE TENIA CUMPLIDOS, ME QUEDE COMPLETAMENTE SIN PALABRAS SIN NINGUN CONSUELO DECÍAN QUE ESTABA ALLÍ POR SECUESTRO ME QUITARON TODO NO ME DEJARON LLAMAR A NADIE NI SI QUIERA A MI AMIGA QUE ESTABA ESPERANDO FUERA, NO ME DEJARON HACER NADA ME TRATARON COMO A UNA CRIMINAL DE ALTO RIESGO,.YO NO PODIA RESPIRAR PENSE QUE ME MORIA EN ESE MISMO MOMENTO, ME ESPOZARON DE PIES A CABEZA, ERA LA PRIMERA VEZ EN MI VIDA QUE ME PONIAN UNAS ESPOSAS, Y ME LLEVARON

A UNA CELDA, ALLI PASE LA PRIMERA NOCHE SOLA CON FRIO SIN NADA QUE COMER O BEBER FUE UNA DE LAS NOCHE MAS LARGAS DE MI VIDA NO DORMI NADA SOLO QUERIA SABER QUE ESTABA PASANDO Y CUANDO ME SACARIAN DE ALLI, ME SENTI MORIRME MUY MAL TODO PARA MI ERA NEGRO NO PODIA COMER NADA YA NO TENIA FUERZAS SOLO QUERIA MORIR, NUNCA DORMI, AL DIA SIQUIENTE ME LLEVARON A UNA CARCEL DE MUJERES DE ALTO RIESGO, MUJERES QUE ESTABAN ALLI POR NARCOTRAFICO, FRAUDE A LA ESTADO, PROSTITUCION Y ASESINATO. NO ME CREIA QUE ESO ESTABA PASANDOME, DE VERDAD, PENSE QUE EN ALGUN MOMENTO ALQUIEN VENDRIA A SACARME DE ALLI, PARECIA UNA PESADILLA QUE PRONTO ME DESPERTARIA, YO NO HABIA COMETIDO NINGUN DELITO PARA ESTAR ALLI.

PERO ALLI ESTABA, TODO LO VEIA NEGRO OSCURO Y SUCIO POR TODOS LADOS, ME TRATABAN CADA VEZ PEOR, EXECTO UNA DE LAS GUARDIAS JOVEN Y RUBIA MUY GUAPA QUE SIEMPRE ME TRATABA CON MAS RESPETO, PASARON LOS PRIMEROS 15 DIAS NO COMIA NADA NI TENIA A NADIE CON QUIEN HABLAR A PESAR QUE SE ME ACERCABAN ALGUNAS DE LAS PRESAS PERO YO NO HABLABA CON NADIE, FINALMENTE ME DEJARON LLAMAR Y LLAME A ATS DESCONSOLADA LLORANDO COMO NUNCA HABIA LLORADO, LE EXPLIQUE TODO Y SE QUEDO SORPRENDIDO YA ME HABIAN EXPLICADO LOS CARGOS QUE TENIA Y COMO SERIA EL PROCESO ALLI, NO PARABA DE LLORAR TODO EL DIA Y NOCHE SIN PARAR, ESTABA EN AISLAMIENO 23 HORAS EN LA CELDA UNA HORA AFUERA EN UN PATIO PARA FUMAR JUNTO CON TODAS LAS DEMAS PRESAS.

ANIEL JUNTO CON SU PADRE ME HABIAN ACUSADO DE SECUESTRO Y DE UNA MADRE MALA QUE NO ATENDIA A SUS HIJAS COSA QUE NO ERA VERDAD, Y ESTABAN

DISPUESTOS A ACABAR CON MI VIDA DE UNA MANERA DE OTRA, HABIAN PUESTO EN LA ACUSACION QUE YO HABIA SECUESTRADO A MI HIJA Y QUE LA MALTRATABA QUE NO ERA UNA BUENA MADRE PARA ELLA, YO LLEVABA YA MAS DE 5 MESES SIN SABER DE LA NIÑA, MI ABOGADO ME DECIA QUE ANIEL LO LLAMABA PARA SABER DE MI LE DECIA QUE LA NIÑA ESTABA BIEN, ESO ME TRANQUILISABA POR UN DIA PERO NO ERA IGUAL TAMBIEN LE DECIA QUE LA NIÑA ME EXTRANABA Y PREGUNTABA MUCHO POR MI EN LAS NOCHES Y LLORABA POR QUE QUERIA VERME, ESO ME PARTIA EL CORAZON EN DOS, YO NO PARABA DE LLORAR CADA DIA Y CADA NOCHE LAS NOCHES EN ESA CELDA SE HACIAN INTERMINABLES, LOS DEMONIOS DE LAS NOCHE LLEGABAN A LA CELDA YO PENSE QUE ME ESTABA VOLVIENDO LOCA, ESCUCHABA GRITOS, LAS PESADILLAS ERAN DIARIAS ESTABA ENFERMA MUY ENFERMA ….. NADIE SABÍA NADA NI NADIE SE DABA CUENTA DE LO MAL QUE YO ESTABA, SOLO NOS DABAN UNA HORA PARA ESTAR EN UN PATIO PEQUEÑO ERA MUY TRISTE, CADA UNA DE ELLAS CON SUS PROBLEMAS YO EN MEDIO DE TODO AQUELLO NO ENCONTRABA ALIVIAR MI DOLOR CON NADA, ME LLEVARON VARIAS VECES AL HOSPITAL, INFECCIONES QUE COJIA POR CONPARTIR LA DUCHA Y LOS VAÑOS, YO ME SENTI QUE NO ME QUEDABA MUCHO TIEMPO DE VIDA, LA VERDAD NO ME IMPORTABA, YO QUERIA MORIR PARA PARAR DE SUFRIR Y DE TANTO DOLOR, LE PEDIA CADA NOCHE A DIOS ARRODILLADA EN LA CELDA QUE ME LLEVARA CON EL QUE YO YA NO HACIA NADA EN ESTE MUNDO TAN CRUEL QUE ME HABIA TOCADO VIVIR, YA HABIAN PASADO 4 SEMANAS Y NADA PASABA, HABIA CONOCIDO A TRES PRESAS QUE ME AYUDARON A SOBREVIVIR, YO LES PUSE MIS ADAS MADRINAS, UNA SE LLAMABA MILE DOS AÑOS DE PRISION POR TENER UNA RED DE PROSTITUCION EN ESTOCOLMO, KATARINA FRAUDE AL ESTADO 2

AÑOS Y MEDIO DE PRISION Y MAJA NARCOTRAFICO, TRAFICO DE ARMAS Y ROBO UN DIA ESTANDO LAS TRES JUNTAS Y YO EN LA COCINA LE TRAEN LA SENTENCIA DE MAJA FUERON 5 AÑOS ELLA SE DESMORONO AL SUELO Y EMPESÓ A LLORAR NUNCA AVIAMOS VISTO A MAJA LLORAR, PORQUE ERA UNA MUJER FRIA Y MUY FUERTE .....DE TODA LA PRISION LA UNICA QUE ESTABA ALLI POR MENTIRAS DE UN SUECO ERA YO, ME DECIAN LA INOCENTE. EN EL PRIMER JUICIO QUE FUE AL MES DE ESTAR ALLI ENCERRADA ANIEL Y SU PADRE FUERON AL JUICIO CON SU ABOGADO, YO DESESPERADA LLEGUE ALLI, YO PENSE QUE ESE DIA ME DARIAN LA LIBERTAD NO TENIA SENTIDO QUE ESTUVIERA ALLI YO NO ERA UNA CRIMINAL, PERO NO EN EL JUICIO DECIDIERON RETENERME Y MANTENERME EN AISLAMIENTO ELLOS HABIAN PEDIDO 10 MESES DE PRISION PARA MI, YO QUE LES PUEDO DECIR .... MUERTA QUERIA ESTAR CUANDO ESCUCHE SEMEJANTE BARBARIE ..... UNA MUJER QUE NUNCA HABIA TENIADO PROBLEMAS DE JUSTICIA EN LA VIDA ....Y ERA TOTALMENTE INOCENTE.

APELE DIRECTAMENTE A LA CORTE CON MI ABOGADO DE OFICIO NO TENIA DINERO PARA UN ABOGADO DE PAGO Y ATS NO ME QUERIA PONER UNO PORQUE EL NO LE GUSTABA GASTAR DINERO EN MI Y MENOS EN ABOGADOS QUE LE COSTARIA MUCHO MAS, EL ME AYUDABA CON PEQUEÑAS CANTIDADES SOLAMENTE, EL PRIMER JUCIO SEPTIEMBRE 14

ALLI ESTABAN ELLOS ANIEL Y SU PADRE SENTADOS MUY BIEN VESTIDOS Y SIN NINGUN SIGNO DE ARREPENTIEMIENTO, TODO LO QUE DECIAN DE MI FUERON PURAS MENTIRAS TODO, PERO COMO ERAN SUECOS COMO MISMO ANIEL ME LO DECIA Y REPETIA, A TI NADIE NUNCA TE VA A CREER YO SOY SUECO Y ASI FUE, MI ABOGADO ME DECIA QUE NO PODIA ENTENDER COMO PODIAN HACERME ALGO ASI SI ERA LA PRIMERA VEZ

QUE YO HABIA TENIA UN PROBLEMA EN EL PAÍS Y MÁS JUSTIFICADO PORQUE ERA POR MI HIJA Y COMO PODRIA SER POSIBLE QUE LOS JUECES NO ENTENDIERAN Y ME DEJARAN PRESA EN ESE LUGAR, ANIEL Y SU ABOGADO ESTABAN DE ACUERDO CONQUE ME PUSIERAN 10 MESES DE PRISION YO NO SABIA QUE PENSAR O QUE DECIR NO TENIA FUERZAS PARA NADA, NO QUERIA LUCHAR MAS SOLO QUERIA DESPARECER DE ESTE MUNDO PARA SIEMPRE.

ME VOLVI A LA CELDA Y SEQUI SOBREVIVIENDO CON MIS TRES ADAS MADRINAS ELLAS ME DABAN FUERZAS ME HABLABAN PARA QUE RESISTIERA Y NO ME RINDIERA ELLAS TENIAN QUE CUMPLIR MUCHO MAS TIEMPO QUE YO, CADA DIA LLORABAMOS JUNTAS EN LA HORA QUE PODIAMOS VERNOS Y CUANDO DABAN LA COMIDA TAMBIEN NOS ECHABAMOS A LLORAR, YO NO COMIA, SEGUIA TOMANDO SOLO LECHE PERO LAS GUARDIAS UN DIA ME QUITARON LA LECHE PARA VERME OBLIGADA A COMER COMIDA, EMPECÉ A COMER POCO A POCO, UN DIA ME LLEVARON AL HOSPITAL MUY ENFERMA, NO TENIA FUERZAS

A LOS GUARDIAS NO LE IMPORTABA, ME ESPOSARON LAS MANOS Y CON CADENAS DE LAS MANOS A LOS TOBILLOS DE LOS PIES, ME ESCOLTARON 8 GUARDIAS, YO NO ENTENDIA QUE CLASE DE PERSONA ELLOS CREIAN QUE YO ERA YO EN MI MENTE ME DECIA PERO SI YO NO SOY UNA CRIMINAL ....POR DIOS, ELLOS DECIAN QUE ESA ERAN LAS REGLAS DEL PAIS, YO NO TENIA FUERZAS PARA HABLAR ME SALIAN LAGRIMAS DE LOS OJOS SIN YO LLORAR SOLAS CAIAN, YO ESTABA EN UN ESTADO MUY CRITICO A PUNTO DE MORIR, ASI ERA COMO ME SENTIA, EN EL HOSPITAL LE PREGUNTE A UNOS DE LOS GUARDIAS SI PODIA LLAMAR A MI MADRE PORQUE NO ME SENTIA BIEN Y NO QUERIA MORIR SIN DESPEDIRME DE ELLOS.

ME DIJERON QUE NO, QUE SI ME PASABA ALGO YA ELLOS SE ENCARGABAN DE LLAMAR, YO NO PODIA CREER LO QUE ESTABA VIVIENDO, EL DOCTOR LLEGO Y LES ORDENO QUE ME QUITARAN LAS ESPOSAS MIENTRAS ESTABA EN EL HOSPITAL, ELLOS SE NEGARON Y EL DOCTOR LES DIJO QUE LES ORDENABA QUE LO ISIERAN AL MENOS LA DE LOS PIES Y DE UNA MANO Y ASI LO ISISERON.

SALI DE ESA BATALLA PARECE QUE DIOS ME QUERIA DECIR QUE DE ESA BATALLA SALDRIA BIEN........ Y VIVIRIA, OTRA VEZ

ME MANDARON MEDICACION Y ME REGRESARON A LA CELDA PASABAN LOS DIAS LAS SEMANAS ME DEDIQUE A LEER Y ESCRIBIR CARTAS A MIS HIJAS A MI FAMILIAS, A DILAYLA MI HIJA MAYOR LE MANDABA LAS CARTAS PERO DESPUES ME ENTERE QUE NUNCA SE LAS ENTEGARON, A GRACE LE ESCRIBIA DIARIO TAMBIEN PERO N UNCA LAS MANDE AQUÍ LAS TENGO GUARDADAS TODAVIA

NUNCA SE LAS MANDE ESTABA CLARA QUE NUNCA LAS RESIVIRIA ...LO MAS DURO DE MI VIDA ESTABA PASANDO. LOS DIAS Y LAS NOCHES ERAN INTERMINABLES, MUCHAS NOCHES SENTIA GRITOS Y GUARDIAS CORRETEANDO POR LOS CORREDORES ME PONIA A MIRAR POR EL AGUJERO DE LA PUERTA DE HIERRO DE LA CELDA Y VEIA COMO SE LLEVABAN EN CAMILLAS A LAS PRESAS QUE SE QUITABAN LA VIDA DENTRO DE SUS CELDAS COMO GRITABAN ANTES DE MORIR COMO CORRIAN LOS GUARDIAS COMO LOCOS Y SE ESCUCHABAN GRITOS POR TODOS LADOS, LUCHAR CONTRA LOS DEMONIOS QUE SE METIAN EN MI MENTE CADA NOCHE ANTES DE DORMIR, LAS PESADILLAS SEGUIAN Y YA MI MENTE SE ESTABA DETERIORANDO MUCHO EN ESE ISLAMIENTO.

YENNI Y ATS VENIAN A VERME DE VEZ EN CUANDO, ATS SOLO VINO DOS VECES Y YENNY 3 VECES EN TOTAL ELLOS SE PONIAN MUY TRISTES CUANDO TENIAN QUE VERME EN LAS CONDICIONES QUE YO ESTABA, MI ABOGADO ME DECIA QUE ANIEL LO LLAMABA DICIENDO QUE NO QUERIA QUE YO ESTUVIERA ALLI DENTRO QUE EL NO HABIA IMAGINADO QUE IVAN A PONERME EN ESE LUGAR, QUE LE HABIAN DICHO QUE ERA HORRIBLE EL NO SABIA QUE IVA A CAUSAR TANTO DESASTRE AL ACUSARME, EN POCAS PALABRAS MI ABOGADO LE DIJO QUE YO ESTABA ALLI POR SU CULPA QUE EL NO PODIA HACER NADA AHORA. QUE NO VALIA DE NADA SU LLANTO, YO NO SE CUAL DE LOS DOS FUE EL DE ESTA IDEA SI ANIEL O SU CRUEL PADRE. PERO ESTABA HECHO Y PARA MI ERA LO MISMO DE QUIEN HABIA SIDO LA IDEA, YO ESTABA ALLI MURIENDO POCO A POCO .....

PASABAN LAS SEMANAS PERO NO ME VENCIA, LE DIJE AL ABOGADO QUE APELARA A LA CORTE SUPREMA, EN ESE JUICIO NO TENIAN QUE ESTAR

ELLOS, SOLO SU ABOGADO REPRESENTANDOLOS, YO TENIA MUCHO MIEDO ...PENSABA SI NO ME DEJABAN EN LIBERTAD EN ESE ULTIMO JUICIO YO ME MORIA ESO ERA LO UNICO QUE SABIA PENSAR EN ESE MOMENTO YA HABIAN PASADO CASI TRES MESES ENCERRADA 23 HORAS DIARIAS, YO NO FUMABA NORMALMENTE PERO EN ESOS MESES TUVE QUE HACERLO ME FUMABA 20 CIGARRILLOS EN UNA HORA, ERA HORRIBLE ...TODO SEGUIA IGUAL, MIS TRES ADAS MADRINAS SIEMPRE NOS JUNTABAMOS A LA HORA DE QUE VENIAN GENTES DE AYUDA HUMANITARIA PARA CALMAR A ALGUNAS DE LAS PRESAS, EN ESE MOMENTO NOS DABAMOS FUERZAS UNAS A LAS OTRAS, TENIAMOS UN DICHO QUE DECIA (TOGETHER FOR EVER), JUNTAS PARA SIEMPRE, ERA ALGO COMO PARA DECIR QUE SI SOBREVIVÍAMOS PODIAMOS VERNOS EN LIBERTAD ALGUN DIA FUERA DE ALLÍ. UN DIA ME SENTI MUY MAL CUANDO CAMINABA POR EL ESTRECHO COMEDOR DE LAS CELDAS, ME CAI SIN FUERZAS EN UNOS DE LOS CORREDORES DESPUES DE HABLAR CON MI ABOGADO POR TELEFONO, NO TENIA FUERZAS EN LAS PIERNAS, MI ABOGADO DICIA QUE NO TUVIERA MUCHA ESPERANZA EN EL JUICIO QUE VENIA DE LA CORTE SUPREMA PORQUE ELLOS ERAN MUY DUROS Y NO LES IMPORTABA MUCHO MI CASO. CUANDO ME VIERON LAS GUARDIAS EN EL SUELO ME COJIERON POR LOS BRAZOS PARA LLEBARME A LA CELDA, UNA DE LAS PRESAS ME LLAMO CON UN GRITO ALTO YUDITH, YUDITH, ERA KATERINA UNA DE MIS ADAS COMO YO LES SOLIKA LLAMAR, ME HABIA LLEGADO POR PRIMERA VEZ UN PAQUETE, ERA DE MI HERMANA YORDANKA CUANDO LO HABRI ERA SU BIBLIA MUY ANTIGUA,

TODAVIA LA TENGO ME PUSE FELIZ DENTRO DE TODO
AQUEL DOLOR TAN GRANDE ME PUDE PONER EN PIE Y
LLEGAR A LA CELDA, ME PUSE A LEER JUNTO CON LAS
CARTAS QUE ME MANDO, LAS LEEIA UNA Y OTRA VEZ
SIN CANSANCIO, IGUALMENTE ERAN MUCHAS HORAS
DESTRO DE ESA CELDA SIN PODER HACER NADA LEEIA
MUCHO, CADA DIA, LA BIBLIA ME DIO MUCHA FUERZA
ERA UNA SEÑAL DE DIOS Y DEL DESTINO, MI ABODADO
ERA MUY BUEN ABOGADO PERO EL ME DECIA QUE EN
MI CASO HABIA ALGO QUE EL NO PODIA ENTERDER, QUE
ALGO ESTABA MAL, ALGUN TIPO DE CORRUCION HABIA
EN MEDIO DE TODO ESTO, PORQUE NO PODIA SER POSIBLE
QUE SE HABIAN ENSAÑADO TANTO EN MI CUANDO EN
TODO SUECIA NO HABIA PASADO UN SOLO CASO QUE
FUERA PARECIDO AL MIO, LO QUE ESTABAN HACIENDO
CONMIGO NO HABIA PASADO ANTES EN 10 CASOS QUE
ERAN IGUALITOS AL MIO ME DICIA EL, MUJER SIN

ADICCIONES SIN PROBLEMAS DE JUSTICIA Y MADRE DE DOS HIJAS SIN NINGUN RECOR CRIMINAL, NO ENTENDIA PORQUE TODAVIA ESTABA METIDA ALLI, EL SEGUIA INVENSTIGANDO PORQUE CONMIGO ESTABAN SIENDO TAN DUROS, PERO YO SABIA PORQUE LO SENTIA DENTRO DE MI, ARS PADRE DE ANIEL TENIA MUCHOS CONTACTOS PODEROZOS EN SUECIA Y COMO MISMO ME DIJO ANIEL YO ERA UNA EMIGRANTE NADIE ME CREERIA ELLOS ERAN SUECOS ELLOS TENIAN EL PODER, Y ERA POR ESO QUE MIS ESPERANZAS SIEMPRE SOLIAN TAMBALEARCE EN TODO MOMENTO, ME ERA MUY DIFICIL MANTENERME POSITIVA EN ESA SITUACION, YO TENIA FE PORQUE SABIA QUE SI TODAVIA SEGUIA CON VIDA EN ESE LUGAR ERA PORQUE DIOS TENIA MEJORES PLANES PARA MI, UN POCO DE FE ME QUEDABA. EL JUICIO FINAL SE ACERCABA YO CASI NO PODIA DORMIR, UNA SEMANA ANTES DE QUE ME DIJERAN EL DIA EXACTO DEL JUICIO QUE SERIA EL DIA 14 DE NOVIEMBRE. UNA MAÑANA ANTED DEL DIA DEL JUICIO PASO ALGO QUE ME CONFIRMO QUE YO TENIA ALGO ESPECIAL Y QUE DE AHÍ SALDRIA VIVA Y CON MAS FUERZA QUE NUNCA, TODOS LOS DIAS SOLIAN CANTAR LOR GORRIONES EN LAS AFUERAS DE MI VENTANA QUE TENIA UN AGUJERITO POR DONDE PODIA MIRAR LOS MUROS DE AFUERA, CADA DIA SOLIA POSARCE UN PEGUEÑO GORRION EL LA VENTANA DE LA CELDA Y EMPEZABA A CANTAR DESDE FUERA YO NO LO PODIA VER PERO LO ESCUCHABA, ESE DIA SE COLO DENTRO POR EL AGUJERO, YO ESTABA DORMIDA PERO SENTI QUE TENIA ALGO QUE ESTABA TOCANDO MI BOCA, ME DESPERTE DE MOMENTO ABRI LOS OJOS Y EL GORRION ASUSTADO SE POSO A MI LADO DE LA ALMOHADA ME MIRO A LOS OJOS Y SE FUE POR DONDE MISMO ENTRO, YO ME QUEDE SORPRENDIDA TOTALMENTE DE LA MARAVILLA QUE ACABABA DE PASAR.

DESDE ESE DIA A SOLO DOS SEMANAS DEL JUICIO, EN SEQUIDA PENCE QUE ESTO DEL GORRION EN LA VENTANA

ERA UNA SEÑAL DE DIOS QUE TODO ESA PESADILLA ESTABA POR TERMINAR, ME DIO MUCHA FUERZA ESE PAJARITO MUCHA FE Y ESPERANZAS, EMPECÉ A SENTIRMRE MEJOR Y ESTAR BIEN ALGO DEL CIELO ME PROTEGIA.

DESDE ESE DIA EL GORRIONCILLO ENTRABA Y SALIA TODOS LOS DIAS COMO COSTUMBRE Y ME HACIA MUY FELIZ, UNA DE LAS GUARDIAS SE DIO CUENTA Y ENTRO A LA CELDA CUANDO EL GORRION ESTABA DENTRO CONMIGO, EN ESE MOMENTO LA GUARDIA ME DA UNA ORDEN DE SALIR AL CORREDOR, ASI ELLA PODER ENCARGARCE DEL GORRION LO INTENTO ATRAPAR PARA SACARLO PERO EL GORRION SE SALIO DE LA CELDA PARA LOS CORREDORES DONDE ESTABA YO, VOLANDO POR TODOS LOS CORREDORES SE LOGRO ESCAPAR DE LOS GUARDIAS QUE LA INTENTABAN ATRAPAR, TODAS LAS GUARDIAS GRITANDO Y QUERIENDO COGER EL PAJARILLO, ESA FUE LA PRIMERA VEZ QUE ME REIA EN ESE HORRIBLE LUGAR, GRACIAS A DIOS EL PAJARILLO SE ESCAPO DE LA PRISION. SIN QUE NADIE LO TOCARA, ESO PARA MI FUE UNA SEÑAL DE LIBERTAD Y ME AFERRE A ESO TODO EL TIMPO QUE ME QUEDABA HASTA EL DIA DEL JUICIO FINAL, AL DIA SIGUIENTE LOS CARCELEROS SE ENGARGARON DE CERRAR EL AGUJERO POR DONDE SE COLABA EL GORRIONCILLO, PARA MI FUE UN POCO TRISTE YA NO PODIA ENTRAR PERO VENIA CADA DIA A SALUDARME POR FUERA DE LAS BARRAS DE LA VENTANA SE QUEDAVA UN MINUTO CANTANDO Y DESPUES SE ALEJABA. LLEGO EL GRAN DIA ESA NOCHE NO PUDE DORMIR ORGANIZANDO TODO POR SI ME DEJABAN EN LIBERTAD SOLO RECOGER LAS DOS BOLSAS CON TODAS LAS CARTAS LIBROS, Y PULCERAS QUE HABIA HECHO EN TODO ESE TIEMPO.

TODO LISTO .... SIN DORMIR, A LAS 6 DE LA MAÑANA VINIERON DOS GUARDIAS A DECIRME QUE ME

PREPARARA QUE YA SALIAMOS PARA LA CORTE, UNA DE ELLAS ME DICE QUE DEJARA TODO EN LA CELDA PORQUE ERA SEGURO QUE REGRESARIA, TAN CRUEL ME LO DIJO COMO SI FUERA ALGO NORMAL, SE ME SALIERON LAS LAGRIMAS PERO ME AFERRE A LA BIBLIA, LA TENIA CONMIGO DESDE EL DIA QUE ME LLEGO.

NO DEJE DE LEERLA NI UN DIA Y LA LLEVABA SIEMPRE CONMIGO EN LA MANO DONDE QUIERA QUE IVA, ME ARREGLE COMO PUDE, CON LAS ESPOSAS PUESTAS NOS DIRIGIMOS A LA CIUDAD, POR PRIMERA VEZ EN 3 MESES VEHIA LOS EDIFICIOS DE LA CIUDAD SOLO SABIA PENSAR EN MI LIBERTAD, QUE EN ESE MOMENTO LA VEHIA LEJOS PERO AL MISMO TIEMPO SENTIA ALGO DENTRO DE MI DIFERENTE PERO CON MUCHO MIEDO DE TENER QUE VOLVER ALLI DENTRO OTRA VEZ. TODO EL RECORRIDO ME LA PASE MIRANDO POR LA VENTANA DEL COCHE DE POLICIA, MIRABA FUERA Y ME DECIA LA LIBERTAD ES LO MAS GRANDE QUE UN SER HUMANO PUEDE DESEAR.

LLEGUE Y ME SENTARON EN UNA HABITACION MUY PEQUEÑA ESPERAR POR MI ABOGADO, YO TODAVIA ME SENTIA MUY DEBIL PERO ESTABA DECIDIDA HACER LO QUE FUECE PARA QUE ME ESCUCHARAN, VINO MI ABOGADO Y ME DIJO QUE NO DIJERA NADA QUE ME QUEDARA TRANQUILA QUE EL SE ENCARGABA, ESTA ERA LA ULTIMA OPORTUNIDA DE QUEDARME EN LA CARCEL O SALIR EN LIBERTAD.

COMENZO EL JUICIO, HABIAN CUATRO JUECES Y UNO EN EL MEDIO ESTABAN DEL OTRO LADO EL ABOGADO DE ANIEL Y LA MUJER FISCAL, ME PEDIAN 10 MESES DE CARCEL, ERA DEMASIADO NO ME LO PODIA CREER QUE TODAVIA SEGUIAN DIECIENDO SEMEJANTE BARBARIDAD, MUY DURO MIS HIJAS NO SABIAN DE MI YO TAMPOCO DE ELLAS, NO HABLABA CON ELLAS DESDE HACIA TRES MESES DILAYLA SOLOMANTE TENIA 13 AÑOS Y GRACE 6 Y NINGUNA SABIAN DONDE ESTABA SU MADRE, SUS

PADRES LE MENTIAN ME DECIAN MIS AMIGAS, ME VOLVIA
LOCA POR ESCUCHAR SUS VOCES AL MENOS SUS VOCES Y
ME MORIA DE GANAS POR VERLAS A LAS DOS, ESTABAN
HABLANDO Y MI ABOGADO ME TRADUCIA Y YO CADA
VEZ ME PONIA MAS TENSA NO PODIA ENTENDER QUE NO
ME DIERAN LA LIBERTAD O AL MENOS UN PERDON ALGO
PARA SALIR DE ALLI, YO NO ERA UNA CRIMINAL, NUNCA
LO HABIA SIDO, TENIA LA BIBLIA HABIERTA EN EN LA
MESA DEL SALON DELANTE DE TODOS, TODOS PODIAN
VERLA Y PUSE LA MANO DERECHA EN LA BIBLIA EN UNO
DE MIS PREFERIDOS PARRAFOS PROVERBIOS 12:3 Y

OTRO QUE QUE ME GUTABA MUCHO ES PROVERBIOS
17:18 Y PROVERBIOS 15:28,9

EN TODO MOMENTO ESTUVE ORANDOLE Y
PIDIENDOLE A DIOS QUE ALGUNO DE ESOS 5 JUECES
TUVIERA COMPACION POR MI, ESCUCHE ALGO QUE

DIJO LA FISCAL, QUE DEBERIA SEGUIR DETENIDA EN ISLAMIENTO COMO ME TENIAN HACIA TRES MESES, AHÍ YA NO PUDE MAS MI CORAZON EXPLOTO ME LEVANTE DE LA SILLA SIN CASI FUERZAS PARA HABLAR, PERO LA FUERZA ME SALIO DEL ALMA Y DIJE GRITANDO CON LA MADO PUESTA EN LA BIBLIA. COMO PUEDEN TENER A UNA BUENA MADRE ENCERRADA CUANDO MIS DOS HIJAS ESTAN SUFRIENDO SIN SABER DONDE ESTA SU MADRE, DOS NIÑAS LLORANDO Y SUFRINDO POR SU MADRE Y COMO PODIAN NO TENER CONCIENCIA DE LO QUE ESTABAN PROVOCANDO CON TENERME ENCERRADA Y PREOCUPAR A MI FAMILIARES CCON TODO AQUELLO, UNA MUJER QUE NO ERA UNA CRIMINAL, ENCERRADA EN INSOLACION POR TRES MESES.

AL MISMO TIEMPO QUE DABA ESOS GRITOS, PERDIENDO MIS FUERZAS ME TEMBLABA TODO EL CUERPO Y ME SALIAN SUDORES QUE SE MEZCLABAN CON LAS LAGRIMAS DE MIS OJOS, ME DESVANECI DELANTE DE TODOS EN LA SALA CASI ME CAIGO DE LA SILLA DESMALLADA PERO LAS DOS GUARDIAS QUE ME ESCOLTABAN ME AGUANTARON POR LOS BRAZOS Y CON LA AYUDA DE MI ABGOGADO ME SENTARON EN LA HABITACION A QUE ME RECUPERARA, MI ABOGADO ME PREGUNTO SI ME SENTIA BIEN? Y LE DIJE QUE NO, ME FALTABA LA RESPIRACION Y ME TEMBLABA TODO EL CUERPO, SOLO PENSABA SI TENIA QUE VOLVER A ESE INFIERNO NO SOBREVIVIRIA, EL ABOGADO ME PREGUNTO SI QUIERIA POSPONER EL JUICIO A OTRO DIA O TERMINABAMOS ESE MISMO DIA, HOY TERMINABAMOS AUNQUE ME MUERA LE CONTESTE ....,Y ASI FUE VOLVIMOS A SENTARNOS A LA SALA DE LOS JUECES Y ALLI ESTABAN TODOS CONMOBIDOS POR LO QUE ACABABAN DE PRESENCIAR, Y ASI FUE COMO DECIDIERON DARME LA LIBERTAD ESE DIA HASTA QUE LA CORTE SUPREMA TOMARA UNA DECISIÓN DE LA SENTENCIA EN UNA

SEMANA O DOS, SEGÚN LO QUE DIJO EL JUEZ SUPREMO NO HABIA NINGUN MOTIVO PARA QUE YO ESTUVIERA EN ISLAMIENTO (SOLITARIO) NO TENIAN RAZON PARA ESO DIJO EL GRAN JUEZ QUE ESTABA SENTADO EN MEDIO DE LOS OTROS CUATRO JUECES, CUANDO YO ESCUCHE ESO LE DIJE EN VOZ ALTA SEÑOR MIL GRACIAS QUE DIOS LO BENDIGA, SALI SIN ESPOSAS POR PRIMERA VEZ EN TRES MESES RECOJI MI BIBLIA Y NOS VOLVIMOS AL COCHE DE POLICIA SIN LAS ESPOSAS, NO ME LO CREIA ME HABIAN DADO LA LIBERTAD, SOLO REGRESARIA A RECOGER MIS PERTENENCIAS Y SERIA LIBRE, MI CORAZON LATIA RAPIDO A MIL REVOLUCIONES, COMO SIEMPRE OTRO MILAGRO DE DIOS HECHO REALIDAD, FUE LA MEJOR EMOCION Y FELICIDAD QUE HABIA SENTIDO EN TODA MI VIDA, NO LO PUEDO DESCRIBIR …YA ERA LIBRE

AQUÍ ESTA LA FOTO QUE EN CASA DE YANNI MI AMIGA ME HICE CUANDO SALI DE AQUEL INFIERNO Y DESPUES QUE ME ARREGLE UN POCO ……

ERA UN DIA 14 DE NOVIEMBRE HACIA MUCHO FRIO YA ERAN CASI LAS 3 DE LA TARDE YA SE HACIA UN POCO OSCURO NO TENIA NI IDEA COMO IVA A SALIR DE ALLA NO TENIA NADA DE DINERO, CUANDO LLEGUE A LA PRISION PARA RECOGER MIS COSAS, ESTABA TODO MUY TRANQUILO, EL DIA ANTERIOR MIS TRES AMIGAS SABIAN QUE YO TENIA EL JUICIO PERO NUNCA SE IMAGINARON QUE SALDRIA EN LIBERTAD. NO ME PUDE DESPEDIR DE ELLAS SOLO DE KATERINA, ELLA SI QUE SE LO IMAGINO POR LA FALTA DE CREDIBILIDAD QUE TENIA MI CASO, SE PUDO DESPEDIR DE MI CON UN ABRAZO, AL DIA SIQUIENTE YA SABRIAN QUE ME HABIAN DADO LA LIBERTAD Y ENSEGUIDA RECIBIRIA CARTAS A CASA DE ATS CUANDO LLEQUE LAS GUARDIAS NO ME DEJARON ENTRAR DE VUELTA LA A LA CELDA ME TRAJERON TODO A LA OFICINA DE SALIDA, YO NO TENIA NI IDEA COMO SALIR DE ALLI PERO ME DIJERON QUE ME DABAN UNA TARJETA PARA UN BUS QUE ME LLEVABA A UN TREN PARA EL CIUDAD ESTABA COMO A 40 MINUTOS DE LA CIUDAD HABIA FRIO, TENIA MIEDO PERO ESTABA FELIZ ESTABA EN LIBERTAD, ESPERE EN LA PARADA QUE VINERA EL AUTOBUS QUE CASI NO TRAIA NINGUNA PERSONA DENTRO, ME SUBI ESTABA CONJELANDOME DEL FRIO PORQUE LA ROPA QUE TENIA ERA LA DE VERADO DESPUES DE TRES LARGOS MESES YA ERA INVIERNO CASI NAVIDAD ....ME SENTIA EL FRIO COMO ENTRABA POR LOS PIES.. PERO FELIZ Y AGRADECIDA QUE ESTABA DE DIOS POR HABERME SALBADO LA VIDA Y SALIR LIBRE DE ESE LUGAR TAN HORRIBLE, MI TELEFONO ESTABA SIN CARGA NO PODIA LLAMAR A NADIE PARA DAR LA NOTICIA, LLEGUE A LA ESTACION DE TREN Y ALLI CARGUE UN POCO LA BATERIA, AL PRIMERO QUE LLAME FUE A ATS ME DIJO QUE EL NO ESTABA EN ESTOCOLMO PERO QUE REGRESARIA EN UNOS DIAS QUE SU HIJA ME ATENDERIA EN SU CASA, FUI PARA SU CASA EN EL TREN, LLAME A MI

HIJA DILAYLA Y A MI MADRE Y A TODOS, NO PARABA DE LLAMAR ME SENTIA MUY FELIZ ERA LIBRE, PRIMERA VEZ EN MI VIDA HABIA ESTADO ENCERRADA POR TANTO TIEMPO Y AISLADA DE TODO Y DE TODOS.

ME SENTIA NUEVA LLEGUE A LA CASA DE ATS Y ME TOME UNA BOTELLA DE VINO COMPLETA CON ZARA SU HIJA Y SU NOVIO, MI CABEZA NO PARABA DE PENSAR QUE PODIA HACER CON MI VIDA DESPUES DE ESTO Y EN SUECIA OTRA VEZ, TAMBIEN EN 10 DIAS ME DARIAN LA CENTENCIA FINAL DEL ULTIMO JUICIO, ESO ME TENIA PREOCUPADA TAMBIEN NO QUERIA VOLVER POR NADA DE ESTE MUNDO A ESE INFIERNO OTRA VEZ, PASARON LOS DIAS MIENTRAS ME ACOSTUMBRABA A QUE YA ERA UNA PERSONA LIBRE Y NO FUE NADA FACIL, ME DABAN PESADILLAS TODAS LAS NOCHES, ME DESPERTABA EN MEDIO DE LA NOCHE PENSANDO QUE TODOVIA ESTABA ALLI DENTRO METIDA EN ESE AGUJERO, DESPUES ME CALMABA Y SEGUIA DURMIENDO, PERO ME DESPERTABA VARIAS VECES EN LA NOCHE, ESTABA TRAUMATIZADA DE LO QUE HABIA PASADO, TODAVIA HOY AVECES ME DESPIERTO EN LA MADRUGADA CON EL CORAZON LATIENDO A MIL POR HORAS PORQUE ME VIENEN PENSAMIENTOS DE ESOS DIAS, FUI A VER A YENNI Y LAS OTRAS AMIGAS PARA QUE ME CONTARAN TODO LO QUE HABIA PASADO EN MI AUCENCIA, YENNI ME CONTO QUE ELLA ESTUVO EN LA ESTACION ESPERANDO A QUE YO SALIERA AQUEL DIA HASTA QUE VINO UN GUARDIA Y LE DIJO QUE NO ESPERARA MAS QUE YO NO SALDRIA ESE DIA DE ALLI, ME CONTO QUE SE FUE DESTROSADA DE LA PENA POR MI, YO HABIA IDO MUY SEGURA DE QUE ME IVAN A AYUDAR A RECUPERAR A MI HIJA NO A ENCERRARME, LA PASO MAL SEGÚN ME CONTO, TAMBIEN LE COSTABA ESCRIBIRME PORQUE LE DABA LASTIMA CONMIGO EL CORAZON SE LE LLENABA DE TRISTEZA,

TAMBIEN ME CONTO QUE HABLABA MUCHO CON MI HIJA DILAYLA Y QUE YA NO PENSABA MAL DE TODO LO QUE PASO Y ESTABA MAS TRANQUILA, MI HIJA QUERIA VENIR PARA SUECIA A ESTAR CONMIGO OTRA VEZ NO QUERIA SEGUIR EN ESPAÑA SE VINO CONMIGO COMO AL MES Y MEDIO DE MI LIBERTAD, ME CONSEGUI UNA ABOGADA PARA QUE ME AYUDARA A RECUPERAR A MI HIJA Y ESO FUE MUY TRISTE PORQUE AUN ESTANDO EN LIBERTAD NO TENIA NINGUN DERECHO A VER A MI HIJA GRACE MI PEQUEÑA, TUVE QUE HACER REUNIONES CON LA SOCIAL Y CON ABOGADOS PARA PODER VER A MI HIJA, PASARON DICIEMBRE, ENERO Y FEBRERO FUE QUE PUEDE VER A MI HIJA EN UNA ASOSIACION DE PADRES QUE HABIAN ESTADO CON PROBLERMAS DE JUSTICIA Y ALLI SE ENCONTRABAN CON SUS HIJOS, A ESA HUMILLACION TUVE QUE SOMETERME POR VER A MI HIJA,

ASI ESTUVIMOS ALGUNAS SEMANAS LA PODIA IR A VER ALLI UNA VEZ POR SEMANA. UNA HORA SOLAMENTE ESA ERAN LAS REGLAS, DESPUES DOS VECES POR SEMANA Y DESPUES CUANDO YA PODIA VERLA EN CASA DOS VECES POR SEMANA MI ABOGADA HIZO UN ACUERDO CON ANIEL PARA VERLA EN MI CASA Y YA NO TENIA QUE IR A ESE LUGAS NUNCA MAS, Y ASI PASARON LOS DIAS Y LAS SEMANAS

EN ESOS DIAS YO NO ESTABA HACIENDO MUCHO SOLO TRABAJANDO EN UN RESTAURANTE EN LA PUERTA DEL BAÑO RESTAURANTE MUY FAMOSO MI SUELDO ERA LO QUE ME PONIAN LOS CLIENTES DE PROPINA EN LA CAJITA EN EL BAÑO LIMPIO Y LE DABA A LOS CLIENTES LO QUE NESECITABAN PAPEL O DEJAR EL ABRIGO CONMIGO, ALLI ESTUBE TRABAJANDO POR UNOS MESES.

UNA NOCHE YO Y ATS NOS QUEDAMOS DORMIDOS EL TENIA QUE IRSE AUN VIAJE CON SUS AMIGOS Y YO ME QUEDE EN LA CASA SOLA EL SE FUE A LAS 6 DE LA MAÑANA, ME QUEDE DORMIDA OTRA VEZ DESPUES DE SU PARTIDA A SUS VACACIONES CON AMIGOS. EMPECÉ A TENER UN SUEÑO CON MI DIFUNTA ABUELA DORA LA MUJER QUE ME HABIA CRIADO ERA UN 20 DE DICIEMBRE DE 2014.

EL SUEÑO PARECIA LA VIDA REAL .AQUI LES CUENTO ESTA PEQUEÑA HISTORIA, YO DESDE LA CAMA ...ELLA EN UNA ESQUINA ME HACIA SEÑALES CON LA CABEZA MOVIENDOLA DE ARRIBA ABAJO COMO DICIENDO VEN AQUÍ, YO ATERRADA DEL MIEDO LE DECIA ABUELA NO PUEDO IRME AHORA CONTIGO MIS HIJAS ME NESECITAN, ELLA CON LA CABEZA OTRA VEZ MOVIENDOSE DE UN LADO AL OTRO ME TRATABA DE DECIR QUE NO QUE NO ERA ESO LO QUE PASARIA Y SE REIA CON UNA RISA MUY CARIÑOZA Y PLACIDA, PERO A MI ME DIO MIEDO Y DE PRONTO ME DESPIERTO, ERAN SOLO LAS 7 DE LA MAÑANA UNA HORA JUSTO DESPUES QUE ATS SE HABIA

IDO, ENTRE EL SUEÑO QUE TENIA ME DIJE POR DENTRO DE MI NO, NO, YO SI QUIERO HABLARTE ABUELA GRITE EN LA HABITACION, PERDONAME, LE DECIA CON UN TONO ALTO DE VOZ ...LLAME A DILAYLA PARA CONTARLE LO QUE ME ESTABA PASANDO Y EMPEZAMOS A DISCUTIR PORQUE COMO SIEMPRE NO ME ENTENDIA. EMPECÉ A BUSCAR POR INTERNET QUE PODIA SIGNIFICAR ESTO QUE MI DIFUNTA ABUELA APARECIERA DE PRONTO EN UN SUEÑO QUE PARECIA LA VIDA REAL, Y ME SALIO UNA PAGINA QUE HABLABA DE DIMENCIONES EXISTENTES Y QUE DE ALLI MUCHAS VECES BAJABAN LOS SERES QUERIDOS PARA AVISARNOS DE COSAS QUE PUDIERAN PASAR O SEÑALES QUE QUERIAN DARNOS. YO SOLO PENSABA EN PODER ABRASARLA PORQUE NO LO PUDE HACER CUENDO SE FUE DE ESTE MUNDO.

ERA COMO SI ESTUVIERA ELLA EN PERSONA EN ESE MOMENTO DIJE EN ALTA VOZ ABUELA VUELVE Y PERDONAME POR TENER MIEDO ANTES, AHORA ESTOY PREPARADA PARA HABLAR CONTIGO, SIN MAS DIRECTAMENTE MI CABEZA CALLO SOLIDA EN LA ALMOHADA Y ME QUEDE COMPLETAMENTE DORMIDASIN. DARME NI CUENTA, O EN OTRA DIMENCION PORQUE NO ME SENTIA QUE ESTABA DORMIDA TOTALMENTE PARECIA HABER PASADO A OTRO MUNDO DE MOMENTO, ME SENTIA DESPIERTA TODO EL TIEMPO, Y ALLI ESTABA ELLA OTRA VEZ CON UN VESTIDO BLANCO BELLO Y EL PELO MUY BIEN ARREGLADO COMO ELLA SOLIA HACER EN SU JUVENTUD LLENA DE LUZ, YA NO ME DABA MIEDO ALQUIEN ESTABA A MI LADO PARA ACOMPAÑARME Y NO TENIA NI IDEA QUIEN ERA PORQUE NO LE PUDE VER NUNCA LA CARA PERO ERA UNA SENSACION QUE TENIA ALGUIEN QUE ME ACOMPAÑABA PARA HABLAR CON ELLA, MI ABUELA SE SENTO EN UNA SILLA Y YO FRENTE A ELLA EN OTRA SILLA, MIRANDONOS UNA A LA OTRA A LOS OJOS ....ME HABLO COMO EN OTRO IDIOMA NO LA

ENTENDI DIJO ALGO PARESIDO A ESTO, PALABRAS QUE SALIERON DE SU BOCA ASI (DE JAVIU DUN JOVA) ASI FUE COMO SONO Y ASI LO ESCRIBI ……..

AHÍ LE DIJE ABUELA NO ENTIENDO LO QUE ME QUIERES DECIR ….

AHÍ ME DIJO NIETA MIA LO QUE SE SABE NO SE PREGUNTA TU VAS A SER FELIZ VAS A TENER TODO LO QUE SIEMPRE AS DESEADO, TU SABES LO QUE HACES Y LO ESTAS HACIENDO MUY BIEN, TODO LO QUE PIENSAS ASI SERA..DICIENDOME ESAS PALABRAS SE IVA ALEJANDO DE MI COMO UNA DIOSA EN LAS PELICULAS, ME DECIA QUE TODO LO QUE YO ME PROPUCIERA EN MI VIDA ME IVA A SALIR BIEN Y QUE TODO SERIA DISTINTO APARTIR DE AHORA Y QUE LAS DESICIONES QUE TOMARA TODAS SERIAN PARA BIEN ….ELLA SE SEGUIA ALEJANDO DE MI Y NO PARABA DE DECIR TODAS LAS COSAS BELLAS QUE EL FUTURO ME TENIA PREPARADO, YO CON LOS BRAZOS ABIERTOS LE DIJE EN UN GRITO BIEN A. ABUELA TE AMO DESDE EL FONDO DE MI CORAZON, TE AMO, TE AMO REPETIA YO Y DE PRONTO SE ACERCO EN UN SEGUNDO Y ME ABRASO …..

YO NUNCA EN MI VIDA ME HABIA SENTIDO CON TANTA PAZ ESE ABRAZO FUE COMO PASAR A OTRO MUNDO NO SENTIA DOLOR NI TRISTEZA, NI PREOCUPACION NI ANCIEDEAD NADA SOLO SENTIA FELICIDAD Y NO QUERIA QUE ME SOLTARA SOLO QUERIA Y DESEABA QUEDARME ALLI PARA SIEMPRE EN SUS BRAZOS. CUANDO DE MOMENTO UN GOLPE MUY FUERTE EN EL MEDIO DEL PECHO CON UNA LUZ MUY BLANCA QUE ME RESPLANDECIA LA CARA Y EN TODA LA HABITACION ME SEPARO DE ELLA Y AL ABRIR LOS OJOS …NO ME PODIA CREER LO QUE ACABABA DE PASAR MIRE A MI LADO LA LAMPARA ESTABA TORCIDA ASI QUE ERA VERDAD HABIA PASADO, MI ABUELA HABIA ESTADO ALLI PARA VERME

Y PARA HACER UNO DE MIS SUEÑOS REALIDAD PODER VERLA Y ABRASARLA, ME QUEDE MUY TRASTORNADA ME LEVANTE Y RAPIDAMENTE LO COPIE TODO EN UNAS OJAS PARA QUE NUNCA SE ME OLVIDARA ESE MOMENTO ESAS HOJAS ESTAN GUARDADAS EN MIS RECUERDOS, YO DECIA DIOS MIO GRACIAS POR DARME LA OPORTUNIDAD Y EL PERMISO A MI ABUELA QUE ME ABRASARA, YO SENTI QUE ELLA TUVO QUE PEDIR PERMISO A UN SER SUPERIOR PARA PODER HACER LO QUE ACABABA DE PASAR, YO SOLO LE DI GRACIAS A DIOS POR DARME ESA BELLO MOMENTO.

DESPUES QUE LO PUSE TODO EN UN PAPEL Y PENSAR QUE AHORA SI SE QUE HAY VIDA DESPUES DE LA MUERTE Y QUE ESTO NUNCA ME HABIA PASADO EN 43 AÑOS DE VIDA, NUNCA HABIA PASADO POR ALGO ASI FUE UNA EXPERIENCIA MARAVILLOSA QUE NUNCA OLVIDARE ………….

SEGUI MI VIDA EN ESTOCOLMO PERO ME SENTIA MAS SEGURA SABIA QUE MI ABUELA ESTABA DEJANDOME SABER QUE ALGO TENIA QUE CAMBIAR EN MI VIDA PARA SEGUIR ADELANTE Y ASI LO HICE EMPECÉ A SER MAS POSITIVA Y PENSAR QUE HACER CON MI VIDA YA HABIA FRACASADO LO DE ESTADOS UNIDOS UNA VEZ PERO ESO SEGUIA EN MI MENTE, SEGUI TRABAJANDO Y SEGUIA EN CASA DE ATS, PERO NO ERA FELIZ PORQUE SU HIJA ERA MUY DIFICIL ELLA NO LE GUSTABA QUE VIVIERA ALLI Y SIEMPRE TENIAMOS DISCUCIONES, YO SEGUIA VIENDO A LA NIÑA CADA VEZ MAS Y PASABAN LOS MESES EN EL VERANO DEL 2015 YA MI ABOGADA ESTABA SEGURA QUE PODIA TENER LA NIÑA UNA SEMANA CONMIGO Y OTRA SEMANA CON ANIEL Y YO ESTABA MUY CONTENTA POR ESO, PERO ATS NUNCA LE GUSTO LA IDEA DE QUE MIS HIJAS VIVIERAN ALLI EN SU CASA, YA DILAYLA ESTABA CON NOSOTROS Y LA ESTABAMOS PASANDO MAL PORQUE

LA HIJA DE ATS Y SU MADRE EMPESARON HACERNOS LA GUERRA PARA QUE NOS FUERAMOS DE LA CASA, Y A ATS TAMPOCO LE GUSTABA LA IDEA DE QUE MIS HIJAS VIVIERAN CONMIGO ALLI YO NO QUERIA PASAR TRABAJO Y QUEDARME EN LA CALLE OTRA VEZ, ME ENFRENTE A ELLAS Y CON LA AYUDA DE AST NOS DEJARON UN POCO TRANQUILAS, PERO LA LUCHA NO ACABABA ME LLEGO LA NOTICIA DE LA CORTE SUPREMA DESPUES DE VARIOS MESES, LA CENTENCIA DEL JUICIO FINAL CASI TERMINANDO EL VERANO TENIA QUE CUMPLIR 6 MESES MAS EN PRIDION, ESO ME DESTROSO EL CORAZON, LOS NERVIOS MI ALMA TODO, NO PODIA NI RESPIRAR Y CAI EN UNA GRANDICIMA DEPRESION LLORANDO CADA DIA SIN SABER QUE HACER, YO PREFERIA MORIR QUE VOLVER A ESA PRISION OTRA VEZ ASI QUE EMPECÉ A PENSAR QUE PODIA HACER,

HABLE CON MAS DE TRES ABOGADOS PORQUE MI ABOGADO YA NO QUERIA SEGUIR TRABAJANDO EN MI CASO EL DECIA QUE HABIA MUCHO CORRUPCCION EN ESE CASO Y QUE NO PODIA MAS, YO QUERIA QUE ME DEJARAN EN PAZ QUE ME DEJARAN CUMPLIR ESOS TRES MESES QUE ME QUEDABAN EN LA CASA CON UN FOODBOLLA COMO LE DECIAN ELLOS QUE ERA UN SINTURON DE SEGURIDA CONECTADO A LA CASA EN EL TOBILLO, PERO NADA NO QUERIAN POR MUCHO QUE INSISTI, UN ABOGADO DE HABLA ESPANA ME INTENTO AYUDAR PIDIENDO PORROGA DE MESES Y PEDIR POR ASUNTOS DE QUE YO TENIA DOS HIJAS MENORES A LAS CUALES TENIA QUE CUIDAR Y QUE TAMBIEN ESTABA CON MEDICACION POR LA DEPRESION QUE TENIA POR TODO LO QUE ME ESTABA PASANDO, QUE ME DAJARAN CUMPLIR EN LA CASA ESOS MESES DE SENTENCIA Y TODO FUE EN VANO ......ME QUERIAN DENTRO DE LA PRISION Y NADIE PODIA ENTENDER PORQUE, YO SI LO ENTENDIA ELLOS ME QUERIAN LOCA O MUERTA Y ASI

ERA COMO UNICO PODIAN LOGRARLO ME ATERRORIZE TENIA MUCHO MIEDO, LE PREGUNTE A EL ABOGADO SI YO PODIA SALIR DEL PAIS DE VACACIONES Y ME DIJO QUE EN NINGUN DOCUMENTO PONIA NINGUNA RESTRICCION PARA SALIR DEL PAIS. EMPECÉ SALIENDO A ITALIA A VER A MIS HERMANAS ESTUVE MUCHAS VECES EN LOS MESES DE AGOSTO Y SEPTIEMPRE MI HERMANA YORDI ESTABA PREPARANDOSE CON SU FAMILA PARA EMIGRAR A LOS ESTADOS UNIDOS ESO ME DIO UNA LUZ PORQUE YO YA ESTABA PENSANDO EN ESA POSIBLIBIDAD, PERO COMO YA HABIA ESTADO ALLI EN EL 2013 CON VISA Y YA HABIA PEDIDO ASILO TENIA NUMERO SOCIAL Y TODO PERO YA HABIA PERDIDO EL DERECHO PORQUE NO ESPERE A QUE ME LLEGARA LA RESIDENCIA NO SABIA SI ME DEJARIAN ENTRAR OTRA VEZ EMPECE A IMVESTIGAR, LE PREGUNTE A MI AMIGA IRIS Y ELLA ME DIJO QUE HABIAN MUCHAS PERSONAS QUE LES HABIAN PASADO LO MISMO QUE A MI Y HABIAN PODIDO ENTRAR POR SEGUNDA VEZ, ME ENTRO UNA ESPERANZA EN EL CUERPO, ME DICIA QUE PRONTO LA LEY QUE ME DABA LA POSIBILIDAD DE ENTRAR LEGALMENTE Y HACER UNA VIDA EN USA SE ACABARIA PRONTO QUE LO FUERA HACER LO ISIERA YA, LO UNICO QUE ESTA VEZ TENDRIA QUE SER POR MEXICO, REGRESE DE ITALIA Y ME PUSE EN FUNCION DE CONCEGUIR UNA VISA PARA IR A MEXICO PARA CRUZAR A LOS ESTADOS UNIDOS NO QUERIA VOLVER A ENTRAR A UNA CARCEL SIENDO INOCENTE Y TENIA MUCHO MIEDO, ESTABA ATERRORIZADA QUE ME FUERAN A HACER ALGO Y ACABAR CON MI VIDA TENIA PENSADO IRME PRONTO DE ESE PAIS COMO FUERA, LE DIJE A ATS QUE COMO YO ALLI NO ERA REALMENTE FELIZ NO PODIA SACRIFICAR EL RESTO DE MI VIDA LA QUE ME QUEDABA SIMPLEMENTE PORQUE ANIEL NO ME DEJABA TENER MI HIJA CONMIGO YO TENIA A DILAYLA Y YO MISMA TENIA QUE BUSCAR UN FUTURO PAR MI

VIDA ALGO MEJOR PARA MI FUTURO Y SER FELIZ, EN VEZ ESTAR EN SUECIA PERDIENDO MI VIDA, HABLE CON ATS LE DIJE, COMO DESPUES DE TANTOS AÑOS JUNTOS EL NUNCA ME PIDIO MATRIMONIO Y AHORA NO LE GUSTABA LA IDEA DE QUE MIS HIJAS VIVIERAN EN SU CASA YO NO TENIA NADA QUE HACER ALLI, QUE PODIAMOS TENER UNA RELACION A DISTANCIA HASTA VER QUE PASABA, LE PEDI QUE POR FAVOR ESTA VEZ NO ME DIJERA QUE NO, LE PEDI QUE ME AYUDARA, EL NO CREIA QUE YO IVA DAR EL PASO DE SALIR DEL PAIS Y MENOS IRME SOLA A MEXICO Y ENTRAR POR LA FRONTERA QUE ES UN CAMINO PELIGROSO Y ARRIESGADO PERO YO LO QUE MAS QUERIA EN MI VIDA ERA VIVIR EN LOS ESTADOS UNIDOS Y NADA NI NADIE ME LO IVA A IMPEDIR SOLO SI ESTABA SIN VIDA, ERA MI SUEÑO MAS PRECIADO, NADA PODIA IMPEDIR QUE ME FUERA EN BUSCA DE MI GRAN SUEÑO Y MI LIBERTAD, EMPECÉ LOS PLANES ME DIERON LA VISA PARA MEXICO, TENIA QUE IRME PRONTO YA ME HABIAN DICHO QUE TENIA QUE ENTRAR EN PRISION EN UNA SEMANA, YO CON MUCHO MIEDO ME NEGABA A DAR ESE PASO DE ESTAR EN PRISION OTRA VEZ, ME MORIA DEL MIEDO MUCHO, MUCHO, MIEDO. Y TAMPOCO ME MERECIA ESE CASTIGO.

SAQUE EL BILLETE DE AVION PARA MEXICO EL DIA 29 DE NOVIEMBRE EL BILLETE ERA PARA EL DIA 2 DE DICEMBRE TODA MI FAMILA ESTABA PENDIENTE YA MI HERMANA YORDI ESTABA EN MIAMI DESDE SEPTIEMBRE Y LE IVA MUY BIEN MARIA MI HERMANA MENOR ESTABA HACIENDO LOS PREPARATIVOS PARA VENIR ESE MISMO MES DE DICIEMBRE, ELLOS TAMBIEN HABIAN VENDIDO TODO EN ITALIA Y ESTABA NERVIOSA CON EL CAMBIO QUE LES ESPERABA, YO TRISTE POR QUE TENIA QUE DEJAR A MI PEQUENA OTRA VEZ Y DILAYLA YA CON LA NOTICIA DE QUE YO TENDRIA QUE ENTRAR A LA CARCEL SE TUVO

QUE IR CON EL PADRE Y TAMBIEN SE FUE MUY TRISTE, MI CORAZON LO TENIA ECHO PEDAZOS COMO LA JUSTICIA DE UN PAIS DESTROZARON MI PEQUEÑA FAMILIA SIN RAZON SOLO PORQUE NO FUI ESCUCHADA POR ASUNTOS RACIALES, ME QUEDE SOLA CON EL PLAN, Y SAQUE EL BILLETE A CANCUN, DE ALLI COJERIA UN AUTOBUS A UN HOTEL PORQUE ERA UN PAQUETE Y DEL HOTEL YA ME TENIA QUE IR A OTRA CIUDAD MONTERREY PARA PASAR POR UNOS DE SUS DOS FRONTERAS REYNOSA O LAREDO LLEGUE Y CON TREMEMDO MIEDO ME FUI AL HOTEL TRANQULAMENTE ME ENPESE A COMUNICAR CON EL PRIMO DE IRIS QUE VIVIA EN MONTERREY PARA QUE ME DEJARA QUEDARME EN SU CASA UNOS DOS DIAS MIENTRAS QUE ME PREPARABA PARA CRUZAR LA FRONTERA, ASI COGI UN AVION DE CANCUN PARA MONTERREY Y ALLI ME ESPERARIA ESA FAMILA CUANDO ME BAJE EN EL AIROPURTO DE MONTERREY COMO ES UNA CIUDAD MUY LLAMATIVA POR LOS EMIGRANTES A USA POR LO CERCA QUE TIENEN LAS FRONTERAS ME PARARON PARA HACERME PREGUNTAS AFUERA DEL AEROPUERTO, YO LE DIJE AL POLICIA QUE PORQUE ME PARABA SI YO SOLO VENIA A VISITAR DE SUECIA A MI AMIGA, LE PEDI EL PASAPORTE Y ME LO DIO Y ME FUI, YA HABIA PASADO UN PASO DIFICIL, SALIR DEL AEROPUERTO ESTABA MUY POSITIVA NO QUERIA PENSAR EN NADA MAS QUE NO FUESE EN MI FUTURO EN ESTADOS UNIDOS, NO QUERIA DISTRAER LA MENTE EN PENSAR EN MIS HIJAS PORQUE ESO ME IVA A PONER TRISTE Y NO PODIA TENER ESA SENSACION PORQUE TENIA QUE ESTAR FUERTE PARA LO QUE VENIA, ATS ME LLAMABA PARA SABER COMO ME IVA EN EL ITINERARIO YO LO TENIA AL TANTO DE TODO, AL TERCER DIA DE ESTAR CON ELLOS ME DEJARON LO MAS CERCA QUE PUDIERON DE LA FRONTERA Y LO DEMAS LO TENIA QUE HACER YO SOLA, FUIMOS A LA PRIMERA FRONTERA Y NOS PARARON A PREGUNTAR A

QUE VENIA A HACER ALLI TAN CERCA, LE DIJE QUE YO ESTABA DE VISITA Y ELLOS LE DIJEROIN QUE VENIAN A COMPRAR A LA FRONTERA, NOS DIJERON QUE YO NO PODIA HACERCARME A LA FRONTERA POR SER CUBANA, NOS TUVIMOS QUE REGRESAR, MI MALETA LA TUVIMOS QUE DEJAR EN SU CASA Y ELLOS ME LA MANDARIAN DESPUES PORQUE ERA PELIGROSO ESTAR CERCA DE LAS FRONTERAS CON MALETAS Y YO CON UN PASAPORTE CUBANO PEOR, ME FUI A LA OTRA FONTERA PEDIA A DIOS QUE ESTA ULTIMA OPORTUNIDAD QUE TENIA DE SER LIBRE SI NO PASABA MI VIDA ESTABA PERDIDA, ESE MOMENTO LO UNICO QUE YO QUERIA ERA PASAR ESA FRONTERA Y PISAR TIERRA AMERICANA OTRA VEZ Y SER LIBRE PARA SIEMPRE.

CERCA DE LA FRONTERA CUANDO ELLOS ME DICEN MIRA ES ALLI, TIENES QUE ENTRAR Y CAMINAR ESE PUENTE ENTERO HASTA EL FINAL Y ALLI DONDE ESTAN LOS POLICIAS PEDIR AYUDA, ERA LA MISMA OPERACIÓN QUE LA PRIMERA VEZ EN EL 2013 SOLO QUE AQUÍ ERA POR TIERRA Y MUY DIFERENTE QUE EN EL AEROPUERTO YO ESTABA ATERRORIZADA PERO DENTRO DE MI ME DABA FUERZAS Y ME DECIA O ESTO O LA MUERTE EN SUECIA, ESO ME DABA FUERZAS PARA SEGUIR ESE CAMINO QUE SE ME HACIA LARGO, CADA VEZ CAMINABA MAS RAPIDO, LLEGUE A LA MITAD DEL CAMINO Y ME SUENA EL TELEFONO, A LA MITAD DEL PUENTE DECIEAN QUE YA ERA LOS ESTADOS UNIDOS PERO TODAVIA TENIA QUE PASAR EL CONTROL Y QUE ME DEJARAN ENTRAR, ERA MI MAMA LE DIJE NO PUEDO HABLAR MAMA PORQUE YA ESTOY PASANDO LA FRONTERA.

COLGUE Y SEGUI CAMINANDO MUY SEGURA DE MI, LLEGUE Y LES DIJE QUE ME QUEDARIA AQUÍ A LOS FRONTERISOS ME DETUVIERON UNAS DIEZ HORAS ME HUMILLABAN DICIENDOME QUE PORQUE HABIA DEJADO A MI HIJA PARA VIVIR AQUÍ ME HICIERON LLORAR MUCHO

ESAS GUARDIAS DE EMIGRACION EN MEXICO NO TENIAN CORAZON, FINALMENTE DESPUES DE TANTAS HORAS YA ERAN LAS 4 DE LA MAÑANA CUANDO ME DIERON TODOS LOS PAPELES Y YA PODIA ENTRAR A AMERICA, ENTRE FELIZ LO PRIMERO LLAME A MI MADRE Y A MIS HERMANAS QUE YA HABIA PASADO YA ESTABA A SALVO COGI UN TAXI AL AEROPUERTO MAS SERCANO NO TENIA DINERO PERO ATS, ME PROMETIO QUE SI LLEGABA AL DESTINO ME AYUDARIA A PAGAR EL BILLETE LO LLAME EN CUANTO LLEGUE AL AEROPUERTO Y ALLI ME PUSO EL DINERO EN UNA TARJETA QUE YO TENIA DE EL Y COMPRE EL BILLETE EN LE AEROPUERTO DE MCALLEN PARA HOUSTON Y DE HOUSTON MIAMI, NO TENIA DONDE LLEGAR NI TENIA DINERO PERO ESTABA FELIZ DE SER LIBRE NO TENIA MIEDO DE NADA, EN LO UNICO QUE PENSABA ERA QUE ESTA VEZ POR NADA DEL MUNDO ME VOLVERIA A IR Y TENIA QUE ESTAR FUERTE, LLAME A MI HIJA DILAYLA POR CAMARA Y LE DI LA NOTICIA QUE ESTABA EN ESTADOS UNIDOS ELLA NO SABIA NADA DE MI PLAN NADIE LO SABIA EXECTO MIS HERMANAS MI MADRE Y MI AMIGA IRIS Y ATS CLARO, DILAYLA SE PUSO MUY CONTENTA YA QUERIA VENIR CONMIGO PERO LE DIJE QUE ME TENIA QUE DAR TIEMPO PARA ORGANIZARME Y QUE CLARO QUE PODIA VENIR A VIVIR CON MAMA, YA ELLA HABIA SUFRIDO BASTANTE AHORA ERA HORA DE SER FELIZ, ERA UNA FELICIDAD PARA MI TENERLA A ELLA YA QUE NO PODIA TENERLA A LAS DOS. ESTABA FELIZ LLEGUE A HOUSTON Y ME ENCANTO EL AEROPUERTO GRANDE ME COMI UNA GALLETA Y UN AGUA SALIO EL AVION PARA MIAMI DE ALLI COGI UN AUTOBUS PARA CASA DE IRIS Y ALLI ME QUEDE DOS DIAS, IRIS VIVE EN PORT SAN LUCIE NO ME GUSTABA MUCHO PORQUE ES COMO UN PUEBLO, A MI SIEMPRE ME A GUATADO VIVIR EN CIUDADES, EMPECÉ A CONTACTAR A AMIGOS PARA VER DONDE ME PODIA QUEDAR EN

MIAMI, MI HERMANA YORDI ME DIJO QUE ME PODIA QUEDAR PERO SOLO ME QUEDE HASTA QUE ME LLEGO LA MALETA DE MEXICO CON MIS COSAS, ATS ME AYUDABA ECONOMICAMENTE EN TODO GRACIAS A DIOS ',EL NO SE PODIA CREER QUE TODO HABIA SALIDO COMO YO HABIA PLANEADO EL NUNCA PENSO QUE LO LOGRARIA PERO SI LO LOGRE Y EL ESTABA IMPRESIONADO.

HABLE CON MI AMIGO RAUL DE EL SALON. DE BELLEZA DE BAL HARBOR PARA VOLVER A TRABAJAR CON EL EL SE PUSO CONTENTO TODOS ESTOS AÑOS HABIAMOS MANTENIDO LA COMUNICACION Y ESTABAMOS EN CONTANTO TODO EL TIEMPO, LE DI LA SORPRESA ME APARECI EN LA PELUQUERIA Y LO SORPRENDI HABLAMOS TODO EL DIA Y ME DIJO QUE ME AYUDARIA QUE ME DABA TRABAJO Y QUE ME QUEDARA A VIVIR EN SU CASA HASTA QUE ME CONCIQUIERA UN APARTAMENTO, ME FUI A SU CONDO EN ARLEN HOUSE SIEMPRE ME GUSTO ESTA ZONA, HOY VIVO TODAVIA AQUÍ ESTE CONDOMINIO SIEMPRE ME HABIA GUSTADO QUERIA ALQUILARME AQUÍ MISMO, PASE CON EL DOS MESES, CON AYUDA DE ATS ME COMPRE UN COCHE Y ME ARQUILE SOLA EN UN APARTAMENTO ASI CUANDO ATS VINIERA A VERME PODIA QUEDARCE CONMIGO AQUÍ, TENIAMOS UNA RELACION DE DISTANCIA EL ME AYUDABA Y YO LO ESPERABA CADA VEZ QUE EL VENIA ESTABAMOS JUNTOS AQUÍ EN MIAMI, CUANDO VINO LA PRIMERA VEZ YO YA ESTABA EN EL PISO NUEVO QUE ME HABIA ARQUILADO, YA ERA NUEVO AÑO FEBRERO Y ATS VINO Y LE ENCANTO EL CONDOMINO LO CONVENCI PARA QUE COMPRARA UN APARTMANETO Y LO COMPRO YA EN EL 2016 TEANIAMOS EL APARTAMENTO EN EL MISMO CONDOMINIO YO ESTABA FELIZ LO UNICO QUE ME FALTABA ERAN MIS HIJAS. DILAYLA YA QUERIA VENIR A VIVIR CONMIGO YA HABIAN PASADO 6 MESES DE MI LLEGADA, YO LE DIJE

QUE AHORA YA PODIA VENIR YO FELIZ QUE VINIERA PERO QUE TENIA QUE PREPARARCE PARA ESTAR UN AÑO O MAS SIN SALIR DEL PAIS HASTA QUE LE LLEGARA LA RESIDENCIA Y SU SEGURO SOCIAL ELLA ESTABA DE ACUERDO SOLO QUERIA ESTAR CONMIGO Y YO FELIZ, SE VINO UN DIA 19 DE JUNIO DEL 2016 TENIA 6 MESES EN LOS ESTADOS UNIDOS Y ESTABA FELIZ Y AGRADECIA DE VIVIR AQUÍ. LE HICE UN RECIBIMIENTO A LO GRANDE MUCHOS REGALOS, ELLA LLEGO QUE PARECIA UN CHICO EN VEZ DE UNA CHICA PERO ENSEGUIDA CAMBIO Y SE PUSO MUY BELLA, ELLA COMENZO LA ESCUELA CERCA DE LA CASA, PERO NO LE GUSTABA IR AL COLEGIO NI LEVANTARCE TEMPRANO.

YO COMENCE A ESTUDIAR MASSAGE TERAPEUTICO Y FACIALES PARA SER ESPECIALISTA EL COLEGIO ERA UN AÑO COMPLETO ME DEDIQUE A ESTUDIAR Y TRABAJAR EN LAS TARDES, NO GANABA MUCHO PORQUE TENIA QUE ESTUDIAR MUCHAS HORAS.

CON DILAYLA EN LA CASA Y LAS PELEAS PORQUE NO QUERIA IR AL COLEGIO, ERAN CADA DIA ELLA TENIA SOLO 16 AÑOS RECIEN CUMPLIDOS, NO QUERIA ESTUDIAR SE LA PASABA EN CAMA Y CON DEPRECIONES, PORQUE AL SER MALA ESTUDIANTE EN ESPAÑA NO LE PASARON LAS NOTAS Y AQUÍ TENIA QUE EMPEZAR CON NINOS DE 14 AÑOS EN 7 GRADO CUANDO ELLA YA TENIA QUE ESTAR EN EL 8 O 9 DECIDIO A LOS MESES DEJAR EL COLEGIO, YO SEGUI ESTUDIANDO HASTA QUE PASE EL EXAMEN DE TERAPEUTA DE MASAGE DEL ESTADO EL DIA 29 DE DICIEMBRE DEL 2016 DIA DE MI CUMPLEANOS, ATS ESTABA AQUÍ PARA PASARLO CONMIGO, PASE EL EXAMEN Y ESTABA MUY FELIZ ME ACABABA DE GRADUAR DE MI PRIMERA CARRERA EN ESTE PAIS, LO CELEBRAMOS EN UN RESTAURNTE CERCA, ESTE PAIS DEFINITIVAMENTE ERA EL PAIS DONDE PODRIA SER UNA MUJER FELIZ PARA SIEMPRE, TODO ME SALIA BIEN DESDE QUE LLEGUE AQUÍ,

SIMPRE CUALQUIER COSA QUE ME PROPONIA LO HACIA REALIDA Y TODO ERA PARA MEJORAR Y SER MEJOR CADA PASO QUE DABA ERA CORRECTO, AMABA ESTE PAIS CADA DIA MAS Y MAS. LA SUERTE ME ACOMPAÑABA A TODAS PARTES, DABA GRITOS EN MI COCHE DE ALEGRIA (TE AMO AMERIA)CADA DIA DIGO GRACIAS AMERICA GRACIAS.

PASAMOS UN FIN DE AÑO MUY BONITO JUNTOS TODOS EN CASA Y FUIMOS EL DIA 31 A UN HOTEL PARA PASAR EL DIA DE FIN DE AÑO, FUE BELLO TODO Y ASI ENTRAMOS EN EL 2017,YA ME HABIA GRADUADO DE MASAJISTA Y TENIA MUCHO TRABAJO, TRABAJE EN HOTELES O SPA ESTUVE TRABAJANDO EN ALGUNOS HOTELES EN MIAMI BEACH PERO ME SENTIA QUE NO ERA SUFICIENTE QUERIA CRECER MAS Y PASABA EL TIEMPO, HASTA QUE EMPECÉ A TRABAJAR AL FINAL DEL ANO 2017 EN UNA EMPRESA DE MASAGES QUE DABAN MASAGES EN LOS CASIMOS NUNA HABIA TENIDO ESA EXPERIENCIA DE TRABAJAR COMO MASAGISTA EN UN CASINO PERO PARECE QUE ERA ALGO NORMAL, YA LA EMPRESA LLEVABA TRABAJANDO 10 AÑOS A MI ME ENCANTO PORQUE ERA POR MI CUENTA Y ME LLEVABA DINERO CADA DIA A MI CASA, PROPINAS MAS PORSIENTO, GANABA BIEN, PERO TAMBIEN GASTABA MUCHO ESTABA ANCIOZA QUE LLEGARA LA RESIDENCIA PARA IR A VER A MI HIJA GRACE QUE HABIA VENIDO CON SU PADRE EN EL 2016 OCTUBRE Y FUE MUY PERO MUY TRISTE, AQUÍ LES CUENTO COMO FUE, LA ESPERE CON MUCHOS REGALOS PERO SOLO VINO POR UNA SEMANA Y MEDIA LA PASAMOS SUPER BIEN ME CONTO TODO, COMO SE SENTIA SIN MI EN SUECIA Y QUE ME EXTRAÑABA MUCHO ME HIZO PREGUNTAS QUE NO PODIA CONTESTARLE POR QUE ERA MUY PEQUEÑA EN ESE ENTOCES Y NO LO ENTENDERIA, CUANDO SE ACERCABA EL DIA DE SU REGRESO A SUECIA LLAMO A ANIEL PARA PEDIRLE POR FAVOR QUE LA DEJARA VIVIR CONMIGO, NO

SIRVIO DE NADA EL SE PUSO FURIOZO TUVO DISCUCIONES POR DOS DIAS PORQUE ELLA NO QUERIA IRSE Y EL LE DECIA QUE NO SE QUEDARIA CONMIGO, EL DIA DE SU PARTIDA EN EL AEROPUERTO

LLORAMOS MUCHO FUE MUY TRITE LAS TRES LA HABIAMOS PASADO MUY BIEN, CUANDO LLEGO A SUECIA ME LLAMO POR VIDEO LLAMADA MUY TRISTE CON LOS OJOS INCHADITOS DE LLORAR ME DECIA QUE ME ECHABA MUCHO DE MENOS

YO SOLO TRABAJABA DURO PARA AHORRAR Y VIAJAR PARA VOLVER A VER A MI NIÑA, HABIAN PASADO DOS ANOS SIN VERLA PENSE QUE SI VIAJABA A ESPAÑA ME IVA A SENTIR MEJOR QUE VIAJAR A SUECIA CON TODO LO QUE ME HABIAN ECHO ALLA, YO COMO SIEMPRE TAN INOCENTE ...YA HABIA DECIDIDO EN IR A VERLA EN FEBRERO QUE ES CUANDO ELLA SIEMPRE TIENE SUS 10 DIAS DE VACACIONES DE ESCUELA, SEGUIMOS LA VIDA EN MIAMI TRANQUILAMENTE YO MI HIJA MAYOR

AVECES TENIAMOS DISCUCIONES POR EL TEMA QUE NO QUERIA ESTUDIAR, ME COMVENCI QUE ELLA NO ERA DE ESTUDIAR, PERO QUERIA SER ARTISTA QUERIA SER MODELO. FUIMOS A SU PRIMER PASE DE MODELO EN MIAMI LE TOCABA MODELAR CON MODELOS CON EXPERIENCIAS ESE DIA FUE MUY EMOCIONANTE. ESTABAN PERSONALIDADES FAMOSAS Y SE HECHO FOTOS CON ANTONIO BANDERAS Y CON AGATA RUIZ DE LA PRADA DISEÑADORA ESPAÑOLA

LE DECIAN QUE TENIA TALENTO PARA MODELAR PERO A ELLA LO DE NO PONERSE UÑAS O PESTAÑAS Y DE HACER EJERCICIOS O DIETA ERA UNA IDEA QUE NO LE GUSTABA, NUNCA LE GUSTARON LAS RESTRICCIONES PERO TENIA TELENTO COMO MODELO, FUIMOS A NUEVA YORK PARA EL FASHION SHOW QUE BUSCABAN MODELOS Y ALLI LA PASAMOS SUPER BIEN PERO ELLA NO LE DABA IMPORTANCIA, NO LE GUSTABA MUCHO LA IDEA DE SER MODELO. REGRESAMOS A MIAMI Y SEGUIAMOS NUESTRAS VIDAS ELLA EN CASA YO TRABAJANDO MUCHO PARA AHORRAR Y VIAJAR A VER

A LA PEUQUEÑA, YO Y ATS NO ESTABAMOS MUY BIEN DISCUTIAMOS MUCHOS EL NUNCA CAMBIO SU MANERA DE TRATARME, YO LE DIJE MUCHAS VECES QUE POR ESA RAZON PODIA PERDERME Y LO DEJARIA PARA SIEMPRE, ESA VEZ TUVIMOS FUERTES DISCUCIONES ESTABAMOS EN ENERO DEL 2018 CUANDO DE SORPRESA ME LLEGA LA RESIDENCIA LO QUE TANTO ESTABA ESPERANDO PARA PODER VIAJAR Y VER A MI NIÑA, SAQUE UN BILLETE DE AVION INMEDIATAMENTE PARA EL DIA 20 DE FEBRERO DEL 2018 YO ESTABA FELIZ TENIA MIS AHORROS Y LE LLEVABA UNA MALETA LLENA DE REGALOS PARA ELLA Y OTRA MALETA CON MIS COSAS HABIA HABLADO CON ATS AUNQUE NO ESTABAMOS JUNTOS PARA QUEDARME EN LA CASA QUE EL TENIA EN MARBELLA MUY BONITA EN HABIA DECIDIDO VIAJAR A ESPAÑA Y ANIEL Y LA NIÑA ME ESPERABAN ALLI.

MI MADRE, MIS HERMANAS Y MI HIJA DILAYLA NO ESTABAN DE ACUERDO CON QUE YO VIAJARA TENIAN MIEDO QUE ALGO ME PASARA, YO TAMBIEN SENTIA ALGO RARO PERO COMO LE HABIA PREGUNTADO A EL ABODADO QUE VIVIA EN SUECIA DE HABLA ESPANA Y ME DIJO QUE EL NO VEIA EN NINGUN PAPEL QUE DIJERA ALGO SOBRE MI O QUE ME ESTABAN BUSCANDO ENTOCES ME QUEDE TRANQUILA TODO ESTA BIEN, LE DIJE A ANIEL Y EL SABIA EL DIA QUE YO LLEGABA, OTRA VEZ CONFIE EN EL Y EN ATS, YO DE INOCENTE NUNCA PENSE QUE ME FUERAN HACER DAÑO DESPUES DE TANTOS AÑOS PERO COMO SIEMPRE MI INOCENCIA Y MI MANERA DE PENSAR SIEMPRE BIEN DE TODOS, ESO ME VOLVIO HACER PASAR OTRA MALA JUGADA, SALI DE MIAMI EL DIA 19 Y LLEGO EL DIA 20 AL AEROPUERTO DE MADRID A LAS 12 DE LA MAÑANA ME BAJE DEL AVION SUPER FELIZ CON PRISA DE SALIR PARA COGER EL SEGÚNDO VUELO A MALAGA ESTABA MUY CANSADA DE LAS 10 HORAS DE VUELO Y DE ALLI TENIA UNA HORA SOLO PARA SALIR

PARA MARBELLA QUE ERAN OTRAS 4 HORAS MAS, VOY
CAMINANDO APRESURADA PARA EL CONTROL POLICIAL
SACO MI PASAPORTE Y VEO QUE EL POLICIA ME MIRA Y
ME MIRA Y REVISAN EL PASAPORTE, TARDABAN MUCHO,
NO ME DECIAN NADA ME EMPECÉ A PONER NERVIOSA
NO TENIA SENTIDO QUE TUVIERA ALGUN PROBLEMA,
HABIA PASADO MUCHO TIEMPO DE AQUEL PROBLEMA, LE
PREGUNTO AL GUARDIA QUE ESTA PASANDO???ACABO
DE LLEGAR DE UN VIAJE DE 10 HORAS Y TODAVIA TENGO
QUE COJER UN VUELO A MALAGA… POR FAVOR, ME DICE
EL GUARDIA CON UNA VOZ DE ENFADO USTED SEÑORA
ESTE TRANQUILA QUE USTED NO PUEDE HACER NADA
AHORA MISMO SOLAMENTE ESPERAR, YA ME DI CUENTA
QUE ALGO NO ENDABA BIEN.

ME DIRIGIERON A UNA HABITACION A ESPERAR CON
MIS MALETAS YO IVA MUY ELEGANTE, ME DICEN QUE YO
TENGO UNA ORDEN DE ARRESTO POR LAS AUTORIDADES
EUROPEAS POR CAUSA DE UN SENTENCIA EN SUECIA Y
TAMBIEN UNA ACUSACION POR MALTRATO A PERSONAS,
YO ME QUEDE COMPLETAMENTE PARALIZADA NO SABIA
QUE DECIR NI QUE HACER NI POR DONDE SALIR, MI CABEZA
ME DABA VUELTAS ME QUERIA MORIR ALLI MISMO SI NO
ME DEJABAN REGRESAR A ESTADOS UNIDOS, TODO MI
TRABAJO MI APARTAMENTO MI COCHE TODA MI VIDA Y
MIS RESPONSABILIDADES ESTABAN AQUÍ EN MIAMI, ME
VINIERON MIL COSAS EN LA MENTE ME EMPECÉ A SENTIR
MAL NO PODIA CREER QUE ESTO ME ESTABA PASANDO
OTRA VEZ DESPUES DE TRES AÑOS O MAS, ME METIERON
OTRA VEZ EN UN CALABOSO COMO LE DICEN ALLA EN
MADRID DONDE SOLO HABIAN CRIMINALES O PERSONAS
CON PROBLEMAS DE EMIGRACION, O DROGAS.
OTRA VEZ ME VEIA EN ESTA SITUACION Y NO
TENIA NI IDEA PORQUE, TENIA QUE ESPERAR AL DIA
SIEGUIENTE QUE ME REUNIERAN CON LOS JUECES

DE MADRID Y DECIDIERAN QUE HACER CONMIGO, ME DIERON LA OPORTUNIDA AL MENOS LLAMAR A MI HIJA A NUEVA YORK ESTABA VIVIENDO ALLA CON AMIGAS, TAMBIEN LLAME A MI PADRE A MARBELLA Y ME ESTABA ESPERANDO ALLA, LA PEQUEÑA TAMBIEN ESTABA ESPERANDO POR MI ALLA, TENIA UN LUGAR DONDE QUEDARME, Y ESO ME AYUDO MUCHO PARA QUE ME DEJARAN IR AL DIA SIQUIENTE, ME QUITARON EL PASAPORTE. ME DEJARON IRM HASTA VER QUE DECIDIAN, PORQUE SEGÚN EL ABOGADO DE OFICIO QUE ME HABIAN ASIGNADO ME DIJO QUE UN ANONIMO AVISO A LAS AUTORIDADES SUECAS QUE YO LLEGARIA A ESPAÑA Y COMO SEGÚN ELLOS YO TENDRIA QUE PAGAR 3 MESES MAS DE CARCEL DE EL CASO DEL 2013 ....NO ME DEJABAN REGRESAR A LOS ESTADOS UNIDOS HASTA QUE NO TERMINARA CON ESOS MESES EN SUECIA, ESO FUE PARA MI IGUAL QUE SI ME HUVIERAN DICHO QUE ME ESTABA MURIENDO DE ALGUNA ENFERMEDAD, OTRA VEZ VI MI VIDA PERDIDA SIN SENTIDO Y SIN SABER COMO SALIR DE ESTA SITUACION, ME HABIAN QUITADO EL PASAPORTE NO PODIA VIAJAR O SALIR DEL PAIS, ME DEJARON LIBRE AL DIA SIGUIENTE EN LA TARDE, ME PASE CASI DOS DIAS DE UN LADO A OTRO DOS CUARTELES DIFENRES CELDAS ME TRATABAN MUY MAL NO TENIA BAÑO EN LA CELDA TAMPOCO ME HABRIAN LA PUERTA PARA PODER HACER MIS NESECIDADES AL BAÑO DE AFUERA, FUE HORRIBLE, NO PUDE DORMIR EN ESOS DOS DIAS TRATABAN A LOS DETENIDOS COMO ANIMALES, LES PEGABAN Y SOLO ESCUCHABA GRITOS DE TODOS A LA VEZ TODA LA NOCHE, YO NO PARABA DE LLORAR, Y DE PEDIR QUE ME DEJARAN HABLAR CON MI HIJA PARA QUE SUPIERAN LO QUE ME HABIA PASADO Y QUE SE LO DIJERA A MI PADRE A ATS Y A LA NINA QUE ME ESTABA ESPERANDDO, ME HUMILLABAN Y ME REVISABAN MIS MALETAS CADA VEZ QUE ME CAMABIABAN DE LUGAR,

YO CON MUCHA EDUCACION SOLO LES DECIA POR
FAVOR NO ME TRATEN MAL YO NO SOY UNA CRIMINAL
ESTO ES UNA INJUSTICIA, ME DABA MUCHA LASTIMA
CON MI NIÑA QUE SE QUEDO ESPERANDO POR MI TAN
CONTENTA Y NO PUDE LLEGAR ESE DIA, NADIE ME
ESCUCHABA, AL DIA SIUIENTE ME DIERON LA LIBERTAD
CONDICIONADA A LO QUE DIJERA EL JUEZ DE SUECIA,
YO TENIA UN ABOGADO DE MADRID QUE SEGUIRIA
EN CONTACTO CONMIGO DESDE MARBELLA, LLEGUE A
MARBELLA EL DIA 22 DE FEBRERO, ATS ME TENIA EL
COCHE DE ALQUILER PARA PODER MOVERME Y EL SE FUE
A SUECIA OTRA VEZ PORQUE NO PODIA QUEDARSE, MI
PADRE ESTABA CONMIGO YO ME SENTIA MUY MAL SIN
FUERZAS SOLO QUERIA VER A LA NIÑA PERO AL MISMO
TIEMPO QUERIA RESOLVER EL PROBLEMA QUE TENIA
PARA PODER VOLVER A MIAMI A MI CASA, ESTABA MUY
PREOCUPADA POR MI REGRESO A MIAMI, NO SABIA SI
ESO ME PERJUDICARIA A MI REGRESO SI PODIA VOLVER
DESPUES DE ESO, NO SABIA NADA, ESTABA MAL MI
CABEZA NO PARABA DE PENSAR, LLEGUE A MARBELLA Y
MI NIÑA ME HABRASO FELIZ CUANDO ME VIO, CUANDO
VIO TODOS LOS REGALOS QUE TENIA PARA ELLA SE PUSO
MUY FELIZ, PASAMOS UNA SEMANA JUNTAS Y FELICES
Y YO MUY PREOCUPADA POR MI SITUACION.

SE ACERCABA EL DIA DE MI REGRESO A MIAMI Y EL
ABOGADO ME DECIA QUE NO SE PODIA HACER NADA QUE
SUECIA ESTABA PIDIENDO QUE TENIA QUE VOLVER ALLA
A ENTRAR OTRA VEZ A LA CARCEL NO TENIA SENTIDO
PERO ASI DECIAN, YO NO COMIA, SOLO TOMABA LECHE
NO DORMIA VEIA NOVELAS TODO EL DIA NO PODIA
DORMIR, EN MARBELA HACIA FRIO LLEGO EL DIA QUE
GRACE TENIA QUE VOLVER A SUECIA COMO SIEMPRE
MUY TRISTE Y CON SU CARITA TRISTE LAS DOS MUY
TRISTES, SIEMPRE LAS SEPARACIONES PARA NOSOTROS
SON MUY DIFICIL

YO TENIA EL PRESENTIMIENTO QUE DESPUES DE ESE DIA PROBABLEMENTE TARDARIAMOS MUCHO EN VOLVERNOS A VER ....DESPUES DE ESTO YO NO SABIA SI SALDRIA VIVA DE ESTA, YA ERA LA TERCERA VEZ QUE SALIA DE ESTADOS UNIDOS Y LA TERCERA QUE ENTRABA SI LO LOGRABA, PORQUE YA ERA DEMASIADO PARA MI VIDA MIS HERMANAS Y MI MADRE ESTABAN EN MIAMI SIN CONSUELO MI HIJA DILAYLA SOLA TAMBIEN EN NUEVA YORK, ME PREOCUPABA PORQUE ELLA DEPENDIA DE MI PARA MUCHAS COSAS, MI PADRE ME AYUDABA MUCHO ESTABA CONMIGO TODO EL TIEMPO QUE PODIA PARA QUE COMIERA EL ME COSINABA PORQUE YO NO TENIA GANAS DE VIVIR

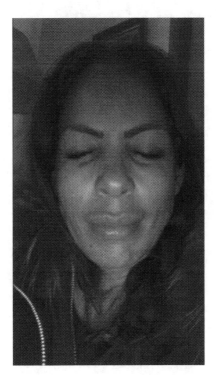

NI DE COMER NI DE NADA, EL ME DABA FUERZAS PARA SEGUIR VIVA YO NO SALIA DE LA CASA A NADA, ME IVA A CAMINAR AL PASEO MARITIMO

PARA COJER AIRE DEL MAR Y TRATAR DE COGER ENERGIA Y PODER PENSAR CLARO, GRACIAS A AMIGOS DEL TRABAJO ME AYUDARON CON MIS COSAS EN MIAMI PARA AL MENOS NO PERDER EL COCHE Y MIS COSAS, MI HERMANA MARIA AYUDABA A CONTACTAR A AQUELLOS QUE ME AYUDABAN CON LOS PAGOS DE MIS COSAS HASTA QUE YO REGRESARA, MI HERMANA MARIA ME DABA ANIMO, MUCHOS SE CONMOVIERON CON MI SITUACION NADIE PODIA HACER NADA Y NO SE PUDO HACER NADA, GRACIAS A ELLOS PUDE CONTRATAR A UN ABOGADO QUE LE DECIAN EL ABOGADO DEL DIABLO, ERA EL ABOGADO QUE DEJABA EN LIBERTAD A TODOS LOS CASOS FUERTES DE MARBELLA, CASOS DIFICILES DE RESOLVER EL LOS RESOLVIA TENIA LA ESPERANZA QUE EL PUDIERA CON SU PRESTIGIO HACER ALGO POR MI Y PODER VOLVER A MI CASA A MI TRABAJO Y A MI VIDA EN MIAMI, MI VIDA PARECIA CAER POR UN BARRANCO, UN TUNEL SIN SALIDA CADA DIA QUE PASABA ERA UNA ESPERA INTERMINABLE, NO HABIAN NOTICIAS BUENAS, INTENTE ESCAPARME

PERO NO HABIA COMO, SIN PASAPORTE SE HACIA DIFICIL FUI AL CONSULADO CUBANO EN SEVILLA CON MI PADRE QUE SIEMPRE ESTABA PARA AYUDARME, SIEMPRE A MI LADO EN TODO MOMENTO YA HABIA PASADO UN MES Y MEDIO DE ESPERA Y NADA, NO PODIAN HACER NADA POR MI, YA TENIA QUE TOMAR UNA DECISIÓN QUE ERA LA UNICA VOLVER A SUECIA Y PAGAR LO QUE PEDIAN, CUIDARME MUCHO, OTRA VEZ EN LA MISMA SITUACION SIN TENER CULPA DE NADA Y SIN HABER ECHO NADA, ME SENTIA MAL, SOLO HABIA IDO A VER A MI NIÑA POR 10 DIAS Y ESTABA EN TREMENA SITUACION, NO TENIA SENTIDO LO QUE ME ESTABA PASANDO ..... ME SENTIA LLENA DE ODIO EN ESE PAIS Y DE REMORDIMIENTOS, NO ME PODIA CREER QUE TENIA QUE IRME A PRISION A SUECIA POR SEGUNDA VEZ, OTRA VEZ SIENDO INOCENTE. ESTA VEZ TENIA MIEDO PERO SOLO DE PERDER MI RESIDENCIA AMERICANA SI ME PASABA DE LOS 5 MESES NO PODRIA ENTRAR NUNCA MAS A LOS ESTADOS UNIDOS, POR ESO DECIDI ENTREGARME A SUECIA DESPUES DE LUCHAR DOS MESES EN MARBELLA Y TODO FUE EN VANO Y PERDER 10000 DOLARES MAS MI TRABAJO EN MIAMI ME SENTIA QUE ESTA VEZ SI NO SALDRIA ADELANTE YA MI VIDA NO TENIA SENTIDO SI NO PODIA ENTRAR A USA, YO QUERIA QUITARME LA VIDA EN ESE MOMENTO ..... EN OTRA OCASIÓN UN AMIGBO ABOGADO DE MIAMI ME DIJO QUE DESPUES DE ESE TIEMPO LO MAS PROBLABLE ERA QUE NO ME DEJARAN ENTRAR AL PAIS Y QUE LAS COSAS PARA LOS EMIGRANTES NO ESTABAN MUY BUENAS POR AQUÍ Y PODIA SER POSIBLE QUE NO ME DEJARAN ENTRAR ESO ME DEJO LOCA DESQUISIADA Y SIN PALABRAS SIN RESPIRACION, NO DORMIA NO COMIA Y NO TENIA VIDA, ME IVA A CAMINAR AL MAR,

PARA VER SI ALGO BUENO ME PASABA, PERO LA UNICA SOLUCION ERA VOLVER A SUECIA, ME MANDARON

UNA CARTA DE LA COMISARIA DE POLICIA QUE TENIA QUE IRME PARA SUECIA EL DIA 23 DE ABRIL ME FUI A SUECIA UN VUELO DESDE MALAGA MUNISH Y DE ALLI A ESCOCOLMO LLEGUE CON MUCHO ODIO Y SIN GANAS DE HABLAR CON NADIE EN TODO EL VIAJE EN EL TAXI DEL AEROPUERTO A LA CARCEL HABLABA POR TELEFONO UN MUY BUEN AMIGO DE BOSTON LENNY ESTUVE HABLANDO HASTA LOS ULTIMOS MOMENTOS QUE ME TOCABA ENTRAR TRAS LAS REJAS Y ME QUITARON EL TELEFONO, EL ME DIO MUCHAS FUERZAS Y ME DIJO QUE NO ESTARIA SOLA, PUSO UN ABOGADO PARA VER SI PODIA HACER ALGO PARA QUE ME SACARA DE ALLI DENTRO LO ANTES POSIBLE YO ESTABA MUY AGRADECIDA POR TODO LO QUE HIZO POR ME, Y SIGO AGRADECIDA HASTA EL DIA DE HOY, GRACIAS A EL ESTOY AQUÍ OTRA VEZ Y FELIZ, LLEGUE A FARINGO ASI SE LLAMA LA CARCEL DONDE YO TENIA QUE ESTAR POR TRES MESES, ERAN CASI LAS DOS DE LA MADRUGADA EN TODO EL VIAJE ESTUVE HABLANDO CON EL PARA TRANQUILISARME EL ABOGADO VENDRIA A VERME AL DIA SIGUIENTE PARA VER LAS POSIBILIDADSES QUE HABIAN DE SACARME ANTES DEL TIEMPO QUE ME PEDIAN INJUSTAMENTE.

ME METIERON INMEDIATAMENTE EN UNA CELDA EN SOLITARIO COMO DE COSTUMBRE EN ESOS SITIOS, OTRA VEZ COMO SI YO FUERA UNA CRIMEINAL OTRA VEZ TOTALMENTE SOLA SIN PODER LLAMAR A NADIE NI HABLAR CON NADIE, OTRA VEZ LOS DEMONIOS ME LLEGABAN EN LA MADRUGADAS PESADILLAS QUE NO PODIA CONTROLAR, FUE OTRA VEZ ALGO QUE NUNCA PENSE QUE PODIA SOBREVIVIR.

ME PUSIERON OTRA VEZ EN LA SESSION NUMERO 1 LE LLAMABAN ALTA SEGURIDAD COMO SI YO HUVIERA MATADO A ALGUIEN O FUERA UNA NARCOTRAFICANTE O ALGO PEOR, OTRA VEZ ERA COMO UNA PESADILLA QUE NUNCA ACABABA, AL OTRO DIA VIENE EL ABOGADO Y

ME DICE QUE HABLO CON ANIEL Y QUE EL LLORANDO
LE DIJO QUE EL NO QUERIA QUE ESO PASARA Y QUE SI
PODIA HACER ALGO POR MI, EL LE DIJO QUE NO QUE YA
NO SE PODIA HACER NADA QUE POR LA LEY SUECA TENIA
QUE PAGAR TRES MESES Y NO SE PODIA HACER NADA,
YO DABA GRITOS Y ME RECORDABA DE LO QUE ME DIJO
MI HERMANA MARIA CUANTO ESTABA EN MARBELLA
ME DICE .....HERMANA SI SALES DE ESTA TIENES QUE
PONERTE UN TATUAJE QUE DIGA QUE ERES INMORTAL,

POR QUE TODO LO QUE HABIA PASADO EN MI VIDA,
Y AHORA ESTO, CUANDO MEJOR ESTABA Y VIVIENDO
MIS SUEÑOS EN EL ESTE GRANDIOSO PAIS CON EL MEJOR
TRABAJO GANANDO SUPER BIEN TODO FELICIDAD NI
PENSAR QUE PASARA ALGO ASI ME PARECIA YA EL FIN.
YO NO TENIA NINGUNA ESPERANZA DE SALIR VIVA DE
ALLI O LLEGAR A MIAMI ALGUN DIA OTRA VEZ, ME
SENTIA MUERTA, PERDIDA Y CON MAS GANAS DE MORIR,
LLORABA TODO EL TIEMPO SIN PARAR ME PASARON CON
LA PRESAS DE ALTO RIESGO NO ME IMPORTABA NADA

CUANDO HABRIAN LA CELDA A LAS 7 DE LA MAÑANA YO ME QUEDABA DENTRO DE LA CELDA, NO TENIAMOS BAÑO LO TIPICO, TENIAMOS QUE ESTAR LLAMANDO POR UN BOTON PARA QUE VINIERAN HABRIR LOS GUARDIAS ERA HORRIBLE ESTABA EN AISLAMIENTO OTRAS VEZ, ASI PASARON LOS PRIMEROS 5 DIAS UNA DE LAS PRESAS LLAMADA DINA SE ACERCO A CELDA PREGUNTAMDOME QUE PORQUE NO SALIA Y QUE PORQUE NO COMIA, ME DIJO ESO QUE ESTAS HACIENDO NO ESTA BIEN TIENES QUE VIVIR ......

ERA MUCHO PEOR QUE ME QUEDASE ALLI SOLA SIN COMER QUE TENIA QUE SER FUERTE Y SALIR FUERA Y TRABAJAR PARA QUE EL TIEMPO PASARA RAPIDO, YO NO QUERIA, SOLO QUERIA MORIR O SALIR DE AHÍ Y LLEGAR A MI CASA A MIAMI, PERO ESO LO VEHIA MUY LEJOS Y AVECES NI LO VEHIA PENSE QUE NUNCA IVA A PODER REGRESAR, PERO ME MANTENIA VIVA EL ECHO QUE EL ABOGADO VENIA A ALIVIAR MI PENA, SE PORTO MUY BIEN Y ESE AMIGO MIO TAMBIEN, EL ABOGADO ME LLAMABA PARA SABER DE MI CADA SEMANA, Y ME DECIA QUE MI AMIGO LENNY DE BOSTON SIEMPRE LO LLAMABA PARA SABER DE MI Y COMO ME IVA, ESO ME HACIA SENTIR MEJOR Y QUE HABIA UNA PEQUEÑA LUZ EN TODO AQUELLO QUE ME HACIA SUFRIR TANTO, PASABAN LOS DIAS Y DINA ME HIZO SALIR MAS Y MAS A FUERA AL MENOS PODIAMOS ESTAR MAS HORAS FUERA DE LA CELDA QUE LA PRIMERA VEZ TODAS MUJERES QUE ESTABAN ALLI ALGUNAS HABIAN MATADO OTRAS ESTABAN ALLI POR DROGAS OTRAS POR MALTRATO HABIA DE TODO, ENBARAZADAS QUE TENIAN SUS BEBES ALLI DENTRO, YO NUNCA HABIA VISTO ALGO IGUAL, YO NUNCA DEJE DE LLORAR ERA CADA DIA ...LLORABA Y ME SENTIA MORIR ......PERO CON DINA ELLA ME HACIA SENTIR MEJOR TODO EL TIEMPO ANDABAMOS JUNTAS TODOS LOS DIAS LAS POCAS HORAS QUE NOS

DEJABAN ESTAR FUERA DE LAS CELDAS. YO SOLO SABIA PENSAR EN MIAMI Y MI VIDA AQUÍ SI ALGUN DIA LA PODIA RECUPERAR, PENSABA EN MI TRABAJO SI LO RECUPERARIA O NO. Y LA PREGUNTA QUE SONABA EN MI CABEZA CADA SEGUNDO SI LOGRARIA SALIR DE ALLI CON VIDA Y ENTRAR A LOS ESTADOS UNIDOS OTRA VEZ SIN PROBLEMA, ESE PENSAMIENTO ERA CADA SEGUNDO EN MI MENTE NO PARABA DE PENSAR EN ESO TODO EL DIA Y LA NOCHE MI CABEZA NO DESCANSABA ME SENTIA VIEJECILLA ARRUGADA LOS CUIDADOS DE ALLI NO ERAN LOS MISMOS DE MI CASA Y YA NO ME QUEDABA NADA DE LA BELLEZA DE CUANDO LLEGUE ALLI, LAS PRESAS SOLIAN DECIRME LA CHICA DORADA, GOLDEN GIRL PORQUE PARA ELLAS YO ME VEIA PERFECTA, ALLI HABIAN PRESAS CON CENTENCIAS DE MUCHISMOS AÑOS, YO SOLO TENIA QUE ESTAR TRES MESES PERO LA DIFERENCIA ERA UNA SOLA COSA YO NO HABIA COMETIDO NUNGUN CRIMEN PARA ESTAR ALLI, NO MERECIA ESTAR ALLI NI UN SOLO DIA Y POR ESO ERA MI LLANTO CADA DIA, OTRAS PRESAS ME CRITICABAN Y ME GRITABAN DICIENDOME QUE ME CALLARA YA Y QUE PARARA DE LLORAR QUE ELLAS ESTABAN EN UNA SITUACION PEOR, Y N O LLORABAN ELLAS SIMPLEMENTE NO ENTENDIAN ESAS REJAS ERAN PARTE DE SUS VIDAS ELLAS HABIAN ESTADO MUCHAS VECES ALLI Y ALGUNAS HASTA LE GUSTABAN ESTAR ALLI, LO SE PORQUE CUANDO EMPIESO A INVESTIGAR CADA UNA DE ELLAS CASI TODAS REPETIAN CRIMENES CADA MES Y SIEMPRE ESTABAN ALLI, SALIAN UN PAR DE MESES Y DESPUES ENTRABAN AÑOS, ALGUNAS LLEVABAN MUCHOS AÑOS ALLI OTRAS MESES PERO ENTRABAN Y SALIAN CASI CADA MES OTRAS COMETIAN CRIMENES PARA PODER TENER DONDE VIVIR GRATIS Y COMER GRATIS, ERAN MUJERES QUE PREFERIAN VIVIR EN LA CARCEL QUE VIVIR FUERA EN EL FRIO O EN LA CALLE SIN COMIDA, ASI PASARON LOS CASI TRES MESES

DINA LA PRESA QUE ME LEVANTO DE LA CAMA Y ME
SACO DE LA CELDA POR PRIMERA VEZ DESPUES DE TRES
DIAS ALLI, ELLA SIGUIO DANDOME FUERZAS, CADA DIA
ME HACIA REIR Y SIEMPRE ESTABAMOS JUNTAS CUANDO
HABRIAN LAS CELDAS EN LA MAÑANA, YO NUNCA PARE
DE LLORAR ME SENTIACON DESESPERACION POR SALIR
DE ESE LUGAR, NO SEGUI EN EL TRABAJO DE LA FABRICA
QUE NOS PONIAN A TODAS JUNTAS PORQUE ME DEPRIMIA
VERME RODEADA DE MUJERES CON TANTOS PROBLEMAS,
PEDI QUE ME DEJARAN QUEDARME AISLADA EN LA
CELDA Y AYUDAR EN LA COCINA HASTA EL DIA DE MI
SALIDA, UN DIA EN LA MAÑANA ME LLAMAN POR EL
AUDIO QUE TENIA UNA LLAMADA, ERA MI ABOGADO
DICIEMDOME QUE YA TENIA EL DIA DE SALIDA, Y QUE
MI PASAPORTE ESTABA DE CAMINO A LA CARCEL, ME
PUSE TAN CONTENTA LE DI GRACIAS A DIOS POR PODER
AGUANTAR HASTA ESE DIA, NO ME LO CREIA QUE HABIA
AGUANTADO TANTO ALLI DENTRO EN ESE HUECO,
TAMBIEN ME COMENTO QUE MI AMIGO LENNY ME
PAGARIA EL VUELO A ESTADOS UNIDOS DIRETAMENTE
A NUEVA YORK ESO ME HIZO MUY FELIZ PERO AL MISMO
TIEMPO NERVIOSA NO QUERIA QUE ANIEL SUPIERA EL
DIA QUE ME DABAN LA LIBERTA LE TENIA MUCHO MIEDO,
NO QUERIA QUE NADA FUERA A FALLAR, LOS GUARDIAS
ME DIERON LA NOTICIA TRES DIAS ANTES DE MI SALIDA
QUE ANIEL HABIA LLAMADO QUE QUERIA QUE YO LO
LLAMARA PARA HABLAR CON EL ANTES QUE ME FUERA,
YO NO QUERIA HABLAR NADA CON EL, PARA MI ESTABA
MUERTO DESPUES DE TODO LO QUE ME HABIA HECHO
SUFRIR NO QUERIA HABLAR CON EL NUNCA MAS, LO QUE
CAMBIO DESPPUES PORQUE CLARO ERA UNA CONDICION
QUE TENIA QUE CAMBIAR EVENTUALMENTE PORQUE AL
FINAL ES EL PADRE DE MI HIJA Y TENIAMOS QUE VERNOS
Y HABLAR EN ALGUN MOMENTO CUANDO SE ME PASARA
TODO EL ODIO QUE SENTIA POR EL.

FALTABAN DOS SEMANAS YA PARA MI LIBERTAD
TENIA MIEDO PESADILLAS Y LAS PRESAS BUSCANDOME
PROBLEMAS LO TIPICO COMO EN LAS PELICULAS, CERCA
DE SER LIBRE Y ENTONCES EMPESARON LOS PROBLEMAS
AHORA ERA CUANDO MAS ME TENIA QUE CUIDAR
UNA DE LAS PRESAS ME AMENAZO QUE SI ENTRABA
A LA COCINA ME MATABA, YO NO LE TENIA MIEDO,
HABLANDO CON ELLA UN BUEN DIA ME CONTO QUE
ESTABA ALLI POR HOMICIDIO HABIA MATADO A UN
POLICIA Y A SU MARIDO, NO ESTABA BIEN DE LA CABEZA
AVECES ABLABA COMO UN BEBE PERO AVECES PARECIA
UN MOUSTRO, YO ME ALEJE DE TODAS, UNA DE LAS
GUARDIAS TAMBIEN EMPESÓ A MALTRATATRME MAS
DE LO AVITUAL YO SABIA QUE TODO ESO ERA UN POCO
DE CELOS PORQUE QUE ME QUEDABA POCO PARA SALIR
LIBRE, NO LES LE DABA IMPORTANCIA, SOLO PENSABA
QUE EN DIAS SALDRIA DE ESE INFIERNO PARA SIEMPRE.
ME DEJARON QUE HABLARA CON MI HIJA LA MAYOR
QUE ESTABA SOLA EN NUEVA YORK HACIA 5 MESES,
ANTES DE SALIR LE PUDE DECIR CUANDO Y A LA HORA
QUE LLEGARIA A NUEVA YORK, LAS DOS ESTABAMOS
NERVIOSAS CON MI LLEGADA, ERA LA PRIMERA VEZ
QUE SALIA DE USA Y TENIA UN PROBLEMA COMO ESTE,
Y ADEMAS QUE LLEVABA FUERA 5 MESES NUNCA ME
LO HABIA IMAGINADO LLEGO EL GRAN DIA NO PUDE
DORMIR NI UN MINUTO EN TODA LA NOCHE, DESDE QUE
SERRARON LAS PUERTAS DE LAS CELDAS A LAS 6:30 PM
NO ME DORMI, ME PUDE DESPEDIR DE DINA Y PENILA, LOS
GUSDIAS LLEGAGON A LA MISMA HORA DE SIEMPRE PARA
CERRAR LAS PUERTAS DE LAS CELDAS, LES DIJE QUE NO
PODIAN OLVIDAR DECIRLE AL TURNO DE LA NOCHE QUE
A LAS 2 AM LLEGARIA EL TAXI A RECOJERME PARA SALIR
DIRECTO AL AEROPUERTO DE ARLANDA EN ESTOCOLMO
NADIE SABIA DE MI SALIDA NADIE, SOLO MI FAMILIA EN
MIAMI Y MI HIJA EN NUEVA YORK, NO LE CONTE NADA

A ATS PORQUE EN ESE MOMENTO NO ESTABAMOS EN BUEN TERMINOS YO NO QUERIA MAS ESA RELACION, QUIERO UN BUEN HOMBRE A MI LADO ALQUIEN QUE ME CUIDE Y ME QUIERA COMO SU ESPOSA PARA SIEMPRE, Y QUE SEA UNA BUENA PERSONA HONESTO, ESPLENDIDO Y DETALLISTA. NO TENIA MIEDO A NADA ME SENTIA VACIA, HOY SE QUE ESE HOMBRE ESTA POR LLEGAR ......Y ME VOY A VOLVER A ENAMORAR Y SER MAS FELIZ QUE NUNCA, YA VIENE LLEGANDO ESE DIA ....ESTOY SEGURA DE ESO

DESDE QUE SERRARON MI PUERTA DE LA CELDA ME DIJE NO POR MUCHO MAS ESTARE AQUÍ DENTRO, EMPECÉ A EMPACAR TODO LO QUE HABIA HECHO EN ESE TIEMPO LAS CARTAS TODO Y ME SOBRO EL TIEMPO NO ME PUDE DORMIR HASTA QUE LALLEGARON LOS DOS GUARDIAS A HABRIRME LA PUERTA A LAS 1:55AM YO YA ESTABA PREPARANDOME LE DIJE QUE ESTABAN TARDE QUE PORQUE HABIAN TARDADO, ME DIJERON QUE EL TAXI ESTARIA AFUERA A LAS 2;30 ENTONCES ME QUEDE MAS TRANQUILA, PERO ME TEMBLABAN LAS MANOS EL CUERPO COMPLETO ERA UNA FELICIDAD CON MIEDO AL MISMO TIEMPO, TAMBIEN ME SENTIA CON MUCHO VALOR NO LE TEMIA A NADA NI A NADIE ME SENTIA CON MUCHA FUERZA PORQUE HABIA LOGRADO LLEGAR A ESE MOMENTO VIVA, Y SI HABIA PASADO ASI ERA PORQUE ALGO MUCHO MEJOR ME ESPERABA EN MI VIDA.

A DINA Y A PENILLA LES DEJE UNOS REGALITOS EN SUS PUERTAS, TARGETAS Y CARTICAS CON ALGUNAS COSAS QUE YO NO IVA A NESECITAR MAS Y ELLAS COMO TENIAN MAS TIEMPO ALLI DENTRO SI LO NESECITARIAN. LES DEJE UNA NOTA BIEN GRANDE EN LA MESA DONDE SOLIAMOS COMER QUE DECIA ASI,

LES DECEO LO MEJOR Y QUE TENGAN FUERZAS PARA AGUANTAR EL TIEMPO QUE LES QUEDA, MUCHO AMOR YUDITH.

SALI DE AQUEL LUGAR, CUANDO ME VI FUERA DE ESAS INMENSAS REJAS Y SENTADA EN EL TAXI ME SENTI LA MUJER MAS DICHOZA Y FELIZ DEL MUNDO LO HABIA LOGRADO HABIA LOGRADO SALIR CON VIDA DE ALLA DENTRO, AHORA SOLO FALTABA PODER ENTRAR SIN PROBLEMA Y LLEGAR A MI CASA, AL PAIS QUE MAS AMO AMERICA. CADA DIA EN LA CELDA LA UNICA IMAGEN QUE TENIA ERA ESA, LLEGANDO A MI CASA HABRIR LA PUERTA Y ESTAR ALLI DENTRO, TRES MESES PENSANDO LO MISMO, AVECES ME VENIAN PENSAMIENTOS QUE ALOMEJOR NO LLEGARIA A VER MI CASA OTRA VEZ Y AHORA ESTABA A 10 HORAS DE QUE ESE SUEÑOSE HICIERA REALIDAD, ENCENDI MI TELEFONO, Y NO PODIA HACER LLAMADAS, PENSE QUE A MI HERMANA SE LE HABIA OLVIDADO PAGAR LA FACTURA DE MI TELEFONO, LLAME DEL TELEFONO DEL TAXISTA A MI HIJA DILAYLA, Y ME PUDE COMUNICAR CON ELLA, EMPEZAMOS A LLORAR LAS DOS, YA ERA LIBRE, LIBRE, LIBRE, PARA SIEMPRE. MI HIJA ME DIJO QUE ME ESPERARIA EN EL AEROPUERTO DE LA GUARDIA EN NUEVA YORK.

LLEGUE A ARLANDA AEROPUERTO DE ESTOCOLMO EL VUELO ERA DIRECTO NO QUERIAMOS CORRER RIESGOS QUE ME PASARA NADA, PASE EL CONTROL POLICIAL Y ME MIRARON RARO, LES PREGUNTE HAY ALGUN PROBLEMA, ME DIJERON NO SOLO QUE ES MUY TEMPRANO PARA ENTRAR, A INTERNACIONAL, LES DIJE PARA MI ESTA BIEN QUIERO ESTAR TRANQUILA DENTRO DE LA ZONA INTERNACIONAL, ME DEJARON PASAR….. DESPUES DE DAR UN POCO DE VUELTAS Y TOMARME UNA COPA DE VINO TINTO QUE HACIA MAS DE 3 MESES NO ME TOMABA, MIRABA POR LAS VENTANAS DEL SALON DE ESPERA Y ME DECIA POR DENTRO QUE NO VOLVERIA A ESE PAIS NUNCA MAS, MI CORAZON PALPITABA CADA VEZ MAS RAPIDO …..LLEGO EL GRAN MOMENTO ME SUVI

AL AVION ME SENTE EN MI ASIENTO CON VENTANILLA, MIRABA COMO DEJABA ATRAZ EL PAIS QUE TANTO DAÑO ME HABIA ECHO EN MI VIDA, HOY ME DIGO A MI MISMA, DE ESO APRENDI Y ME HIZO MAS FUERTE HOY LE DOY LAS GRACIAS A TODO ESE DOLOR QUE PASE, EN EL VIAJE HABIAN MUCHAS TURBULENCIAS TODOS LOS PASAJEROS ESTABAN MUY NERVIOZOS TODOS TENIAN MIEDO, YO NO TENIA NADA DE MIEDO MI MIEDO SE HABIA QUEDADO EN ESA CELDA DE ESTOCOLMO, PREFERIA MORIRME EN ESE AVION INTENTANDO LLEGAR A AMERICA QUE QUEDARME ALLI, SOLO QUERIA LLEGAR O MORIR EN EL INTENTO COMO DICE EL DICHO..NO SENTI NADA DE MIEDO EN TODO EL VIAJE, LAS TURBULENCIAS SEGUIAN Y ERAS BIEN GRANDES Y LASGAS, NO LES DI NI LA MINIMA IMPORTANCIA RECUERDO QUE UNA SEÑORA QUE ESTABA SENTADA A MI LADO ME PREGUNTA, NO TIENES MIEDO?LE DIGO NO SEÑORA EL MIEDO YA NO VIVE EN MI, ELLA ME MIRO A LOS OJOS Y ME DICE, BIEN, YO LE COMENTE CON UNA VOZ MUY SUAVE Y SEGURA, NO VA A PASAR NADA SEÑORA TODOS VAMOS A LLEGAR BIEN TRANQUILA. LA SEÑORA ME MIRO ME VIO TAN SEGURA DE LO QUE LE ESTABA DICIENDO QUE SE QUEDO MAS TRANQUILA Y SE DURMIO, YO NO PUDE DORMIR LAS DIES HORAS DE VUELO, LAS PASE DESPIERTA PENSANDO Y

PENSANDO EN EL MOMENTO QUE PISARA TIERRA AMERICANA OTRA VEZ, BESARIA EL ASFALTO DE LA ALEGRIA DE ESTAR DE VUELTA VIVA Y SANA, LLEGAMOS A NUEVA YORK EL ATERRIZAJE FUE PERFECTO TODOS APLAUDIAN AL PILOTO PORQUE EL VUELO FUE BIEN TURBULENTO ….NOS VAJAMOS DEL AVION ME PARECIA TODO UNA MARAVILLA ME SENTIA FELIZ Y SEGURA.

LLAMO DILAYLA PARA DECIRLE QUE YA IVA CAMINANDO AL CONTROL POLICIAL, ME PARARON EN EL CONTROL POLICIAL Y ME SENTARON EN UN CUARTICO A ESPERAR PARA DEJARME PASAR, ESTABA LLENO DE

GENTE EL CUARTO, ME EMPECE A PONER NERVIOSA NO PODIAN REGRESARME A SUECIA PREFERIA MORIR ALLI MISMO SENTADA, PASO COMO UNA HORA YA DILAYLA ESTABA FUERA ESPERANDOME Y SE ESTABA PONIEDOSE MUY NERVIOSA, ME TENIA UNA SORPRESA ELLA VIVIA EN UN APARTAMENTICO EN QUEENS ME DIJO QUE ALOMEJOR NO ME IVA A GUSTAR .... LE DIJE TRANQUILA MI AMOR CUALQUIER COSA QUE VENGA DE TI CON AMOR ES BELLO, YA HABIAN PASADO CASI DOS HORAS Y NO ME DECIAN NADA SI ME DEJABAN SALIR O NO Y TAMPOCO ME DECIAN PORQUE ME TENIAN ALLI RETENIDA, ME PARE HABLAR CON UNO DE LOS OFICIALES DE EMIGRACION A PREGUNTAR PORQUE ME TENIAN ESPERANDO TANTO TIEMPO, ME PREGUNTO, HACIA DONDE VA USTED? LE DIJE YO VIVO EN MIAMI PERO VENGO DE UNA VACACIONES EN EUROPA Y MI HIJA ESTA FUERA ESPERANDO Y ESTA MUY NERVIOSA PORQUE NO SALGO, ME DICE SEÑORA USTED ENTRO POR MEXICO A ESTE PAIS, LE DIJE QUE SI ME DIJO ES POR ESO QUE LA HEMOS PARADO NO SE PREOCUPE DIGALE A SU HIJA QUE YA SALE, ME ENTRO UNA ALEGRIA QUE NO PUEDO DESCRIBIR NI COMPARAR CON NINGUNA OTRO ALEGRIA, ESTABA A MINUTOS DE ENTRAR A LA GRAN MANZANA LA CIUDAD QUE NUNCA DUERME NUEVA YORK, EN ESTE PAIS SIEMPRE E TENIDO SUERTE Y TODO ME SALE BIEN Y DONDE TODOS MIS SUEÑOS SIEMPRE SE HACEN REALIDAD, GRITE DE LA ALEGRIA CUANDO SALI DEL AEROPUERTO ABRAZE A MI HIJA Y LE DI TANTOS BESOS QUE NI ME ACUERDO CUANTOS MINUTOS ME PASE BESANDOLE SU CARITA BELLA, BESE EL ALFALTO COMO PROMETI QUE LO HARIA ......ESTABA LIBRE, YA ESTABA AQUÍ.

NOS FUIMOS EMOCIONADAS LLORANDO EN EL TAXI A SU APARTAMENTICO EN QUEENS UNA ZONA DE NUEVA YORK TUVIMOS QUE SUBIR UNA ESCALERA CON

MI MALETA QUE PESABA MUCHISIMO COMO UNAS 30 ESCALONES O MAS NO RECUERDO, NO TENIAN ASENSOR, PERO ME SENTIA FELIZ SOLO PENSABA EN EMPEZAR A TRABAJAR Y EMPEZAR A SER FELIZ, YO ME SENTIA MUY PERO MUY CANSADA TANTAS HORAS DE VUELO Y TRES MESES ENCERRADA ME TENIA QUE ACOSTUMBRAR OTRA VEZ A LA VIDA NORMAL, ME TEBLABAN MUCHO LAS MANOS…Y ME FUME LOS ULTIMOS SIGARROS QUE ME HABIA TRAIDO DE LA CARCEL PARA NUNCA MAS FUMAR

TODAVIA ME QUEDABAN CIGARRILLOS DE LA CARCEL COMO HABIA FUMADO POR 5 MESES PROMETI A DIOS QUE CUANDO SE ACABARA ESA CAJETILLA NUNCA MAS FUMARIA, TAMBIEN PROMETI QUE NUNCA MAS VIAJARIA A EUROPA HASTA QUE NO ME LLEGARA EL PASAPORTE AMERICANO …

DILAYLA QUERIA QUE FUERAMOS A CENAR CON SUS AMIGOS ELLA LES LLAMABA FAMLIA, ME CALLERON

BIEN TODOS ERAN DE DIFERENTES NACIONALIDADES ITALIANOS, AMERICANOS, LATINOS ECT, ME SENTI BIEN LA CENA FUE FANTASTICA Y DESPUES NOS FUIMOS A UN CLUB NOS FUIMOS A DORMIR COMO A LAS 4 DE LA MAÑANA MUY CANSADAS, AL DIA SIGUIENTE NOS LEVANTAMOS Y COMPRE UN BILLETE PARA VOLVER A CASA YA ERA HORA DE VOLVER A MIAMI, EMPEZAR A ORGANIZARME OTRA VEZ Y TRABAJAR YA ME HABIA COMUNICADO CON LOS JEFES Y ME DIJERON QUE LAS COSAS HABIAN CAMBIADO MUCHO DESDE QUE ME HABIA IDO Y QUE NO QUEDABAN MUCHOS TURNOS LIBRES PARA MI, ESO NO ME LO ESPERABA PERO ERA DE IMAGINAR FUERON MUCHOS MESES, SIEMPRE HE PENSADO QUE TODO EN LA VIDA PASA POR UNA RAZON, ESTA EL COMIENZO Y EL FINAL, Y PARECIA QUE ESE TRABAJO ESTABA EN EL COMIENZO DEL FINAL, LLEGUE A MIAMI MI HERMANA MARIA ME ESTABA ESPERANDO EN EL APARTAMENTO LLORAMOS JUNTAS YO ESTABA MUY NERVIOSA DE VER TODAS MIS COSAS DE VOLVER A VER TODO OTRA VEZ. ME SENTIA MUY FELIZ, PERO ME TEMBLABA TODO EL CUERPO FUE TANTO EL TEMBLOR QUE ME CORTE LA MANO CON UNA COPA DE VINO, LOS TEMBLORES DE LAS MANOS NO SE ME QUITABAN ""SOLO HABIAN PASADO 2 DIAS DE SER LIBRE TENIA QUE POCO A POCO VOLVER A ACOSTUMBRARME, ME SENTIA CON MUCHAS GANAS DE TODO ME QUERIA COMER EL MUNDO, AL DIA SIGUIENTE LLEGUE AL TRABAJO, ERA VERDAD TODO HABIA CAMBIADO, LOS CLIENTES YA NO ERAN LOS MISMOS Y NO HABIA NEGOCIO PARA MI ALLI, ME FUI DE LA COMPAÑIA A LOS TRES MESES MAS O MENOS, QUERIA ALGO MAS QUE ESO …

ME QUEDE SIN TRABAJO Y ATS QUERIA QUE EMPESARA A PAGARLE POR EL APARTAMENTO PORQUE YA NO ESTABAMOS JUNTOS, PARA MI EN ESE MOMENTO NO ERA POSIBLE HABIA PERDIDO EL TRABAJO Y NO TENIA

MUCHO DINERO AHORRADO TODO LO HABIA GASTADO
EN EL PROBLEMA DE EUROPA PERO A EL NO LE IMPORTO
ESO EL ES UN HOMBRE FRIO EL NO SE CONMUEVE CON
NADA NI CON NADIE SIEMPRE FUE ASI POR ESO TERMINE
CON EL, YO LE DECIA COMO PUEDES HACER ESTO DESPUES
DE 8 AÑOS DE CONOCERME Y ESTAR JUNTOS?,EL COCHE
EN EL TIEMPO QUE ESTUVE FUERA LE HABIAN DADO
UN GOLPE Y TENIA UN HUECO GIGANTE, YA ESTABA
CANSADA DE ESE COCHE MI SUEÑO ERA COMPRARME UN
MERCEDEZ BENZ Y ME PUSE A VER DE QUE MANERA ME
SACABA UNO, EMPECE A HACER MASAJES PRIVADOS A
CLIENTES Y CONOCIDOS Y EMPECÉ OTRA VEZ CON RAUL
A TRABAJAR EN EL SALON., TENIA MUCHOS CLIENTES
SACABA EL DINERO PARA TODO PUDE AHORAR Y ME
FUE A CAMBIAR EL COCHE A LA MERCEDEZ BENZ Y ASI
FUE TUVE LA DICHA Y SUERTE DE QUE ME DIERAN EL
MERCEDEZ BENZ …..OTRO DE MIS SUEÑOS SE ACABADA DE
HACER REALIDAD. ESTABA SEGURA QUE NO IVA A TENER
PROBLEMA EN PAGARLO ME ENCANTABA MI TRABAJO
Y TENIA PASION POR EL, SEGUIA EN CONTACTO CON MI
HIJA GRACE, PERO ME HABIA PROPUESTO SER FUERTE Y
NUNCA MAS PENSAR EN NADA QUE ME PUSIERA TRISTE,
HABIAN DECISIONES EN LA VIDA QUE PARA PODER
CRECER TENIA QUE SACRIFICAR OTRAS Y SACRIFIQUE
ESTA EL NO PENSAR MAS EN LO QUE NO PODIA ARREGLAR
CON ELLA, PORQUE NO TENIA PENSADO DESPUES DE ESTA
SITUACION TAN DESAGRADABLE VOLVER A VIAJAR A
SUECIA, SOLO LA LLAMABA Y COMO YO SOLO PODIA
HABLAR POR EL TELEFONO DE ANIEL TARDE UNOS DOS
MESES EN COMUNICARME, HASTA QUE UN DIA EN EL
FINAL DEL VERANO AGOSTO LLAME Y LE DIJE QUE SOLO
QUERIA HABLAR CON MI HIJA, ME LA PUSO Y LLORE,
DESPUES DE ESE DIA NUNCA MAS LLORE HASTA QUE LA
VOLVI A VER OTRA VEZ.

EMPECÉ A LLAMAR CADA SEMANA TUVE QUE PONER UN ABOGADO PORQUE ANIEL NUNCA QUERIA PONERMELA O ME DECIA QUE ESTABA OCUPADO Y QUE NO ESTABA CON ELLA CADA VEZ QUE LLAMABA CASI NUNCA ME LA PODIA PONER AL TELFONO, MI ABOGADO LE MANDO UN CARTA PARA QUE ME DEJARA HABLAR CON ELLA ;LOGRE HABLAR CON ELLA Y ASI HABLABAMOS CADA DOS SEMANAS MAS O MENOS, YO TENIA MUCHAS GANAS DE VERLA Y ELLA TANBIEN ME DECIA MAMA TE EXTRAÑO PERO YO TENIA CLARO QUE NO PODIA VOLVER A SUECIA POR EL MOMENTO AUQUE NO HABIA MOTIVOS PARA QUE ME VOLVIERAN HACER DAÑO PERO YO TENIA MIEDO EN ESE ENTONCES DE QUE SE INVENTARAN ALGO OTRA VEZ Y ME HICIERAN ALGO PEOR, ASI PASARON DOS AÑOS SOLO HABLANDO POR TELEFONO CON ELLA, PERO YA ERA MUCHO TIEMPO ALGO TENIAMOS QUE HACER, TENIAMOS QUE VERNOS

ATS ME SEGUIA EXIGIENDO QUE ME FUERA DEL APARTAMENTO, Y YO NO TENIA DONDE IRME PERO ESTABA TRABANADO Y AHORRANDO, TENIA QUE ENCONTRAR UN TRABAJO QUE ME DIERA MAS DINERO PARA PODER IRME A OTRO APARTMANETO Y DEJAR TODO ESTA SITUACION CON ATS ATRÁS, YO TENIA AMIGOS PERO NADA SERIO NO ACABABA DE CONOCDER A NADIE QUE ME HICIERA FELIZ.

YA ESTABAMOS CERCA DEL FINAL DEL AÑO 2018 Y ME SENTIA BIEN, EN OCTUBRE HABIA AHORRADO UN POCO DE DINERO Y CON LOS TRABAJITOS PRIVADOS ME MANTENIA BIEN, ME SENTIA CON MUCHAS GANAS DE VIVIR Y SEGUIR ADELANTE QUERIA CONOCER A AGUIEN, ATS Y YO SEGUIAMOS DISCUTIENDO POR TELEFONO CADA VEZ MAS, EL TENIA PENSADO VENIR EN DICIEMBRE, ME OPERE DE UNA OPERACIÓN ESTETICA EL DIA 14 DE NOVIEMBRE ESTABA NERVIOSA PERO SABIA

QUE LO ESTABA HACIENDO POR MI Y ME SENTIRIA MEJOR, LA OPERACIÓN SALIO EXITOSA, ME VINE A LA CASA TRANQUILA, PASARON LOS MESES ATS VINO EN DICIEMBRE Y TUVIMOS DISCUCIONES FUERTES, YA FUE EL FINAL, EL SE VOLVIO A SUECIA Y ME DIJO QUE TENIA QUE IRME DEL APARTAMENTO PORQUE YA NO ESTABAMOS JUNTOS, LA VERDAD YO YA NO QUERIA NADA CON EL, LE DIJE QUE PARA YO IRME DEL APRTAMENTO EL ME TENIA QUE PAGAR TODO LO QUE YO HABIA GASTADO EN EL, ME DIJO QUE NO Y ENTONCES ME HIZO UNA DENUNCIA Y ME MANDO A UN ABOGADO, EN ESE TIEMPO ME PUSE A BUSCAR TRABAJO POR CRAILIST PAGINA QUE SE ENCUENTRAN TRABAJOS RAPIDOS Y ALLI ESTABA CUANDO MIRO ALGO QUE DECIA MASAGES PUEDES GANAR HASTA 1000 DOLLARES AL DIA PONIA EL ANUNCIO, ME LLAMO MUCHO LA ATENCION, HARD ROCK CAFÉ ESTABA BUSCANDO MASAJISTAS PARA EL CASINO ERA EL MEJOR CASINO DE LOS ESTADOS UNIDOS UNA COMPAÑÍA GRANDE DE CASINOS, ACOSTADA EN MI CAMA LLAME PONIA LLAMAR AL MANAGER, LLAME Y QUEDE AL DIA SIQUIENTE PARA LA ENTREVISTA, LLEGUE MUY ELEGANTE PARA MI SIEMPRE ES IMPORTANTE LA BUENA APARIENCIA ME PUSE PERFECTA COMO SIEMPRE. LLEGUE Y PASE POR DELANTE DEL DIRECTOR CON EL CUAL TENIA LA ENTREVISTA PERO NUNCA PENSE QUE FUERA EL, EL ESTABA ELEGANTE CON UN SONBRERO Y MUY BIEN VESTIDO ME DIJE QUE HOMBRE TAN ELEGANTE DIJE POR DEMTRO SIN SANBER QUE ERA CON EL LA ENTREVISTA, LLAME Y EL CONTESTO Y ME DIJO ESTOY AQUÍ Y LE DIJE YO TAMBIEN, Y ASI FUE COMO NOS CONOCIMOS, LA ENTREVISTA FUE MUY DIVERTIDA, EL ME HABLABA MAS O MENOS DE TODO LO QUE TENIA QUE HACER PERO TAMBIEN ME DECIA COSAS GRACIOZAS, EL FUE MUY AMABLE Y ESO ME DIO UNA BUENA VIBRACION PARA ENTRAR A TRABAJAR EN ESA NUEVA CONPAÑIA,

EMPECÉ A TRABAJAR A LOS TRES DIAS, ESE DIA ESTABA LA MUJER DE EL DIRECTOR QUE PARECIA TENER TAMBIEN PODER EN LA COMPAÑÍA Y ME LA PRESENTA, ME DICE YUDITH VEN PARA QUE CONOZCAS A MI MUJER Y SOCIA DE LA COMPAÑÍA, ME ACERCO A ELLOS Y EXTRECHO LA MANO PARA SALUDARLA CON MUCHA EDUCACION, Y ELLA COMO SI YO NO EXISTIERA NI ME MIRA, VIRA LA CARA PARA EL OTRO LADO Y NI SIQUIERA ME HABLA O ME DICE NADA, YO ME QUEDE BLANCA DE LA PENA ME DIO MUCHA VERGÜENZA QUE ME TRATARA ASI, COMO SI YO FUERA CUALQUIER COSA NO SE PORQUE, ELLA ME TRATO SIN RESPETO EN ALGUN MOMENTO UNOS DIAS DESPUES DE ESA ESCENA ME HUMILLO CON PALABRAS MUY GROCERAS NO LE DI IMPORTANCIA PORQUE YO NESECITABA EL TRABAJO, COMENSE A TRABAJAR Y A GANAR DINERO ....YO Y EL DIRECTOR EMPEZAMOS A CONOCERNOS MEJOR, EL FUE MUY BUENO Y ME TRATABA MUY BIEN ....YA ERA FEBRERO DIA DE LOS ENAMORADOS DEL 2019 ME TRAJO UN RAMO DE ROSAS Y UN CHEQUE, PARA QUE ME COMPRARA LO QUE YO QUICIERA, ME GUSTABA ESO DE LOS REGALOS, PERO NO ME GUSTABA LA IDEA DE QUE FUERA CASADO, ESO NO LLEGARIA A NADA, Y ASI FUE

YA HABIAN PASADO CASI DOS AÑOS QUE YO Y MI HIJA GRACE NO NOS VEIAMOS, CADA VEZ HABLABAMOS MAS Y MAS PERO YA QUERIA VERLA, Y ELLA TAMBIEN A MI, TODAIVA NO TENIA VALOR DE IR A SUECIA AUQUE YA SABIA QUE NADA ME PODIA PASAR, PERO TODAVIA TENIA ESE MIEDO POR DENTRO QUE NO ME DEJABA TRANQUILA, LE DIJE A ANIEL QUE TENIA QUE TRAERME A MI HIJA AQUÍ, EL ME DIJO QUE SOLO PODIA VENIR EN OCTUBRE Y SI YO PAGABA TODOS LOS GASTOS DE AVION Y DE ESTANCIA, LE DIJE QUE DE AVION SI PERO QUE LA ESTANCIA LA TENIA QUE PAGAR EL PORQUE LA NIÑA

SE QUEDARIA EN MI CASA LAS DOS SEMANAS Y QUE EL PODIA HACER LO QUE QUISIERA EN ESE TIEMPO, ASI FUE LES PAGUE EL AVION Y LLEGARON EL DIA 29 DE OCTUBRE YO ESTABA FELIZ IVA A VER A GRACE DESPUES DE DOS AÑOS SIN VERNOS DESPUES DEL DESASTRE QUE PASE EN ESPAÑA Y SUECIA

ME SENTIA FELIZ Y MUY POSITIVA EN TODO MOMENTO LO UNICO NEGATIVO EN ESE MOMENTO FUE ATS EL SEGUIA CONQUE ME FUERA DEL APARTAMENTO, YO PARA TERMINAR CON TODO AQUEL DRAMA ME FUI Y LE DEJE TODO EN EL APARTAMENTO PARA QUE EL SE QUEDARA TRANQUILO AVECES EN LA VIDA PERDIENDO SE GANA Y GANAS DOBLE ASI ES, POR LA EXPERIENCIA QUE ME A DADO LA VIDA EL DICHO QUE DICE NO VAN LEJOS LOS DE ADELANTE SI LOS DE ATRÁS CORREN BIEN, ESA ES LA VERDAD.

LLEGO EL DIA DE LA LLEGADA DE GRACE MI BELLA HIJA PEQUENA YA TENIA 11 AÑOS Y ESTABA BIEN GRANDE, NOS HABRASAMOS Y LA VI ALTA NO PARECIA LA NIÑA QUE HABIA VISTO HACIA DOS AÑOS ATRÁS, ESTUVO CONMIGO DOS SEMANAS Y ANIEL SE QUEDABA DE VEZ EN CUANDO EN MI NUEVO APARTAMENTO LO RENTE EN EL MISMO CONDOMINUN DONDE VIVO HACE 4 AÑOS Y ME ENCANTA VIVIR AQUÍ, LO HABIA DECORADO CON MUY BUEN GUSTO TODOS LOS QUE VIENEN A VISITARME ME LO DICEN ..... LAS VECES QUE ANIEL SE QUEDO EN MI APARTAMENTO EN ESE VIAJE FUE POR QUE GRACE QUERIA A SU PAPA Y MAMA EN EL MISMO LUGAR AUNQUE NO ESTUVIERAMOS JUNTOS PERO ESO LE HACIA FELIZ, Y YO LO UNICO QUE QUERIA ERA QUE ELLA SE SINTIERA FELIZ, NO ME SENTI RARA NI MAL DE DARLE LA BIENVENIDA AL HOMBRE QUE TANTO DAÑO NOS HABIA ECHO EN NUESTRAS VIDAS POR TANTO TIEMPO, YO CAMBIE PARA BIEN, PERDONE A

TODOS Y NO PODIA SEGUIR CON RENCORES O NINGUN ODIO O REMORDIMIENTOS CON NADA NI CON NADIE SI QUERIA QUE MI VIDA TOMARA UN RUMBO NUEVO DE ABUNDANCIA AMOR Y FELICIDAD, TODO FUE FELICIDAD LAS DOS SEMANAS QUE PASAMOS JUNTAS, NOS FUIMOS DE COMPRAS PORQUE GRACE NESECITABA MUCHAS COSAS Y ROPAS PARA LA ESCUELA Y LE COMPRE TODO LO QUE NESECITABA. ANIEL ME PREGUNTABA QUE PORQUE ME VEIA TAN BELLA, LE DIJE LA FELICIDAD TOCO A MI PUERTA Y VOY A TENER CADA DIA MAS FELICIDAD, AMOR Y ABUNDANCIA EN MI VIDA PORQUE VOY A LUCHAR Y NUNCA ME VOY A RENDIR HASTA QUE NO LO CONSIGA, Y DESPUES QUE LO CONSIGA VOY A SEGUIR ADELANTE ….,CUANDO LLEGO EL DIA DE QUE LA NIÑA VOLVERIA A SUECIA, GRACE COMO SIEMPRE NO QUERIA VOLVER, TUVIMOS HORAS HABLANDO Y LLORANDO LE DIJE Y LE PROMERI QUE NUNCA MAS NOS TARDARIAMOS TANTO TIEMPO SIN VERNOS OTRA VEZ, QUE CADA DOS O TRES MESES YO LE PROTETI QUE VIAJARIA A VERLA TAMBIEN Y QUE ELLA TAMBIEN PODIA VENIR, QUE YA ESTABA GRANDE, A LA HORA DE SU REGRESO FUE TRISTE ELLA ME HIZO PROMETERLE QUE TENIA QUE IR A SUECIA A VERLA CADA DOS MESES, LE DIJE QUE IVA HACER LO IMPOSIBLE POR HACERLO, PERO ELLA LLORANDO ME DIJO MAMA PROMETEMELO POR FAVOR, Y SE LO PROMETI

TENIA QUE PREPARAR UN VIAJE PARA FEBRERO QUE ES CUANDO ELLA TENIA 12 DIAS SIN COLEGIO, MI VIDA SEGUIA BIEN MEDITANDO Y ESCUCHANDO MUCHA MOTIVACION EN LAS MAÑANAS PARA HACER MI DIA PERFECTO EN TODOS LOS SENTIDOS. ME VINO UNA TREMENDA IDEA A MI CABEZA QUERIA CAMBIAR DE PROFESION, YA ESTABA CANSADA DE HACER MASAJES A JUGADORES O PERDEDORES QUE MUCHAS VECES ME TRATABAN MAL CUANDO PERDIAN O CUANDO

SIMPLEMENTE LES DABA LA GANA, PASE UN CURSO DE VIENES Y RAICEZ, ME GUSTABA LA IDEA DE ESTAR EN UNA OFICINA Y VENDER CASAS BELLAS Y RODIARME DE PERSONAS EXITOSAS TAMBIEN LA IDEA DE HACER FELIZ A LAS PERSONAS QUE QUERIAN VENDER O COMPRAR SUS CASAS, ME ENCATABA LA IDEA DE ESTAR SIEMPRE PERFECTA Y PONERME BIEN ELEGANTE PARA SALIR A TRABAJAR TODAS LAS MAÑANAS, ES MI PASION HOY, ASI LO HICE.

ME PUSE A ESTUDIAR DIA Y NOCHE NO EXISTIA LA TELEVICION NI NADA QUE NO FUERA EL ESTUDIOVIENES Y RAISES QUERIA PASAR EL EXAMEN FINAL RAPIDO Y EMPEZAR LO ANTES POSIBLE EN UNA OFICINA, PASE, LO LOGRE, EL DIA QUE PASE EL ECXAMEN FUE OTRO DIA QUE ME SENTI MUY ORGULLOZA DE MI Y FELIZ, HAY VECES QUE LAS PERSONAS NO CREEN QUE LOGRARAS ALGO Y CUANDO LO VEN SE QUEDAN SORPRENDIDOS, TODOS SE QUEDARON SORPRENDIDOS, YO FELIZ Y ORGULLOSA SE LO CONTE A TODOS AHORA YA PODIA TERMINAR CON EL TRABAJO QUE NO ME HACIA FELIZ Y EMPEZAR EL QUE ME SERIA FELIZ PARA SIEMPRE, SEGUIA TRABAJANDO EN EL CASINO PERO ME LEVANTABA EN LAS MAÑANAS TEMPRANO PARA IR A LA OFICINA Y APRENDER DE TODO LO QUE PODIA DE ESTA NUEVA CARRERA, LLEGO EL FIN DE AÑO DEL 2019 Y EMPECE EN UNA COMPAÑÍA MUY PRESTIGIOSA, FELIZ CADA DIA ME LEVANTO BIEN TEMPRANO Y ME SENTABA A APRENDER DE LOS MEJORES AGENTES A HABLAR Y HACER TRANSACIONES COSAS QUE NUNCA HABIA HECHO ANTES EN MI VIDA, ERA TODO NUEVO PARA MI Y ME ENCANTA

PASO EL TIEMPO RAPIDO LLEGO EL MOMENTO DE VIAJAR A SUECIA FEBREO 27,COMO LE HABIA PROMETIDO A MI P0EQUEÑA HIJA, ELLA ESTABA FELIZ NO LE DIJE EL DIA EXACTO QUE LLEGARIA, QUERIA DARLE LA

SORPRESA Y ASI FUE LLEGUE A ESTOCOLMO Y VIAJE POR PRIMERA VEZ EN PREMIUN COMPAÑÍA NORUEGA ERA COMO CLASE BUSISNESS ME SENTIA UNA REYNA, OTROS DE MIS SUEÑOS SE HACIA REALIDA VIAJAR COMODA Y FELIZ, LLEGUE AL AEROPUERTO Y ANIEL ME ESTABA ESPERANDO, ESTA VEZ TODO FUE PERFECTO NADIE ME MIRABA MAL Y NADIE ME DETUVO, LLEGAMOS AL HOTEL EN EL MISMO CENTRO DE ESTOCOLMO MUY BELLO EN UNA DE LAS CALLES PRINCIPALES DEL CENTRO, LE DI LA SORPRESA A GRACE EN SU COLEGIO, LLEGAMOS A SU COLEGIO Y ESTABAN EN SU HORA DE RECREO TODOS LOS NIÑOS ESTABAN EN EL PATIO ...YO ENTRO MUY ELEGANTE Y CUANDO ME VE SE QUEDA SORPRENDIDA Y TODOS SUS AMIGAS TAMBIEN PENSABAN QUE ERA UNA ACTRIZ O ALQUIEN FAMOSO DE ESTADOS UNIDOS (RISA) NOS HABRASAMOS Y NOS FUIMOS JUNTAS AL HOTEL, ESTABAMOS FELICEZ ELLA ME MIRABA Y ME MIRABA, YO HACIA CUATRO AÑOS QUE NO HABIA PISADO LA CIUDAD DE ESTOCOLMO, PORQUE DOS AÑOS ATRÁS FUE AL AEROPUERTO Y DIRECTO ME FUI, A MIAMI CUANDO SALI DEL INFIERNO, AHORA ERA DIFERENTE ESTABAMOS ALLI PARA DIFRUTAR DE LA CIUDAD JUNTAS DESPUES DE MUCHO TIEMPO,

ESTABAMOS MUY FELIZ ME ABRASABA Y YO A ELLA COMO SI NUNCA QUISIERAMOS SEPARARNOS, GRACE NO QUERIA QUE YO VISITARA A NADIE NO PUDE VISITAR A NINGUNAS DE MIS AMIGAS DE AÑOS ATRAZ, PERO LE PEDI QUE ME DEJARA VER A DINA MI QUERIDA DINA DE LA PRISION ULTIMA. NOSOTRAS ABIAMOS HABLADO MUCHO POR FACETIME Y YO YA LE HABIA DICHO QUE ESTARIA EN SUECIA POR UNO DIAS Y ELLA QUERIA VERME Y YO TAMBIEN A ELLA, ELLA FUE ALGO ESPECIAL EN MI VIDA SE PORTO MUY BIEN CONMIGO CUANDO MAS LO NECESITE Y LE TENIA Y LE TENGO MUCHO APRECIO POR ESO Y ESTOY MUY AGRADECIDA POR TODO AQUELLO.

HACIA MUCHO FRIO Y LA VERDAD TODO SE VEIA MUY DIFERENTE Y TRISTE DECIAN QUE FEBRERO ES UNO DE LOS MESES MAS TRISTES DE SUECIA, NO HABIA MUCHO QUE HACER PUDE VER TAMBIEN A MI AMIGA PETIA Y ARREGLARME EL PELO CON ELLA, ELLA HABIA SIDO MI PELUQUERA DE SIEMPRE CUANDO YO VIVIA ALLA AÑOS ATRÁS Y TAMBIEN ERAMOS MUY BUENAS AMIGAS, Y DE VEZ EN CUANDO TAMBIEN NOS HABLABAMOS POR TELEFONO, HACIA 4 AÑOS QUE NO NOS VEIAMOS, EL MISMO TIEMPO QUE YO NO VEIA LA CIUDAD Y LAS CALLES DE ESTOCLOMO.

TODO SE VEIA TRISTE Y LAS PERSONAS SE VEIAN TRISTE TAMBIEN, NO SABIA QUE SUECIA SE HABIA PUESTO TAN MAL EN TAN SOLO 4 AÑOS, ATS Y YO HABIAMOS AREGLADO ASPEREZAS EN MIAMI ESE MISMO AÑO Y ME HABIA DADO SU PARATMANTO PARA ALQUILARSELO EN MIAMI Y SE LO ARQUILE, EL ESTABA MUY CONTENTO QUE YO HABIA HECHO LA CARRERA DE VIENES Y RAICES Y LO PUDE AYUDAR EN TODO LO DE SU NAPARTAMENTO Y SIGO AYUDANDOLO HOY EN DIA, NO MERECIA LA PENA ESTAR DE ENEMIGOS, NOS CONOCIAMOS MAS DE 10 AÑOS Y NO QUERIA QUE POR UNOS DOLARES PERDER LA AMISTAD QUIERO SER AMIGA DE TODOS Y NO TENER ENEMIGOS NUNCA JAMAS ESE ES MI VIVIR DE HOY.

LA PASAMOS MUY BIEN CADA DIA Y NOCHE JUNTAS, NOS ENCONTRAMOS CON DINA Y LA PASAMOS MUY BIEN TAMBIEN RECORDAMOS TIEMPOS CUANDO LAS DOS ENCERRADAS PERO APOLLAMDONOS UNA A LA OTRA Y NOS REIMOS DE ESOS TIEMPOS AHORA, YA ESTABAN EN EL PASADO PERO NO ESTABAN OLVIDADOS, ESAS HERIDAS SE PASAN PERO NO SE OLVIDAN.

YA QUEDABAN SOLO DOS DIAS PARA REGRESAR A MIAMI LA ESTABAMOS PASANDO MUY BIEN DE COMPRAS Y HASTA NEVO,

GRACE CADA VEZ SE PONIA MAS Y MAS TRISTE

YO TAMBIEN CLARO, PERO NOS HABIAMOS PROMETIDO QUE NO LLORARIAMOS ...UNA NOCHE ANTES DE MI REGRESO SI LLORAMOS MUCHO JUNTAS

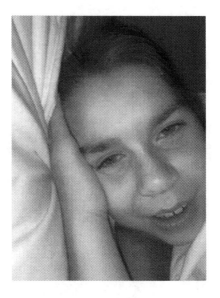

YO NO QUERIA DEJARLA NI ELLA QUERIA QUE ME
FUERA, PERO DESAFORTUNADAMENTE NO HABIA NADA
QUE HACER YO TENIA MI VIDA AQUÍ EN LOS ESTADOS
UNIDOS Y ELLA LA TENIA EN ESTOCOLMO, PERO LA ULTIMA
NOCHE ELLA Y YO TUVIMOS UNA CONVERSACION QUE
NUNCA ANTES COMO MADRE E HIJA HAVIAMOS TENIDO,
ME DICE MAMA YO CONTIGO SOY FELIZ Y SOY OTRA
PERSONA ME SIENTO FELIZ Y ME GUSTA ME, DICE ELLA,
PERO CUANDO ESTOY CON PAPA SOY OTRA, LE DIGO HIJA
COMO ASI?,NO PUEDES SER DOS PERSONAS A LA MISMA
VEZ TIENES QUE DECIDIR QUIEN QUIERES SER Y SER SOLO
UNA DE ESAS DOS, NO PUEDES TENER DOS MANERAS DE
SER O DE VIVIR, ME DIJO TIENES RAZON MAMA YO SOY
FELIZ CUANDO SOY LA PERSONA QUE SOY CUANDO ESTOY
CONTIGO. LE DIJE ENTONCES SE SIEMPRE ESE PERSONA.
NO ES BUENO SER DOS PERSONAS PARA LA SALUD DEL
ALMA, TIENES QUE SER TU, Y SIEMPRE TIENES QUE SER
COMO TU QUIERES SER CON TU CORAZON, LE DEJE BIEN
CLARO ESO, ELLA LE GUSTO MUCHO ESA COMVERSACION.
    AL DIA SIGUIENTE ANIEL NOS RECOJIO PARA
LLEVARME AL AEROPUERTO Y DEJARME PARA MI

REGRESO A MIAMI, GRACE SE QUEDO MUY TRISTE Y LLORANDO ME DICE MAMA, VOY HABLAR CON MI PAPA PARA QUE ME DEJE VIVIR CONTIGO O AL MENOS UN TIEMPO CONTIGO Y OTRO TIEMPO CON EL, LE DIJE... HIJA TODO ES PODIBLE SI LO HACES CON AMOR Y CON TU CORAZON, YO LO E INTENTADO TODOS ESTOS AÑOS EN HACERLE ENTENDER A TU PADRE QUE TENEMOS QUE ESTAR JUNTAS Y EL NUNCA LO A QUERIDO O ENTENDIDO Y POR ESO ESTAMOS SEPARADAS TODAVIA, PERO SI TU LE HABLAS CON EL CORAZON ALOMEJOR EL TE ESCUCHE.

NOS DESPEDIMOS NOS HABRASAMOS MUCHAS VECES ANTES DE ENTRAR POR LA PUERTA DE MI VUELO, SE NOS SALIERON LAS LAGRIMAS PERO ME DI LA VUELTA RAPIDO ASI ELLA NO ME VEIA LLORAR.
LE DI LA ESPALDA Y ME FUI.

HABLAMOS UN PAR DE VECES CUANDO ELLA ESTABA DE REGRESO EN EL COCHE CON SU PADRE. CUANDO ME SENTE EN EL AVION ME DI CUENTA QUE TENIA CONECCION EN LA LINIA DE MI MOVIL, LE MADE UN MENSAJE Y ME RESPONDIO ENSEGUIDA, ESTUVIMOS LAS 10 HORAS DE VUELO HABLANDO

POR TEXTO. LA ECHABA MUCHO DE MENOS Y ELLA A MI TAMBIEN, LLEGUE A MIAMI Y COMENCE MI RUTINA DIARIA. ME LLAMA Y ME DICE MAMA YA HABLE CON PAPA, LE DIJE QUE BIEN HIJA Y COMO TE FUE? Y ME DICE MUY FELIZ LE DIJE PAPA SI VERDADERAMENTE ME AMAS COMO ME DICES TU ME TIENES QUE PERMITIR IR CON MI MADRE A VIVIR ALLA Y TAMBIEN AQUÍ CONTIGO PERO YA AN PASADO MUCHOS AÑOS QUE ESTOY SEPARADA DE MAMA Y YO TAMBIEN QUIERO ESTAR CON ELLA, TU SI ME QUIERES NO PUEDE GUSTARTE VERME CON EL DOLOR QUE TENGO EN MI CORAZON AHORA PAPA, EL ME RESPONDIO

CON LAGRIMAS EN LOS OJOS, ME DIJO QUE SI LLORANDO, ME DIJO QUE SI QUE NO QUERIA VERME MAS SUFRIR. YO LE DIJE QUE ME DOLIA EL CORAZON DE ESTAR SEPARADA DE MI MAMA Y EL ME DIJO QUE NO QUERIA VERME MAS ASI. ESO FUE PARA MI LA NOITICIA MAS DIFICIL DE CREER EN TODA LA VIDA DE MI PEQUEÑA GRACE Y YO, PERO SI HABIA PASADO EL MILAGRO TAN ESPERADO.

HOY TODAVIA NO ME LO CREO, HOY SENTADA EN EL SALON DE MI HUMILDE PERO ACOJEDOR APARTAMENTO EN MEDIO DE LA PANDEMIA COVID19 SIN NINGUNA NOTICIA DE CUANDO ESTO TERMINARA, ME SIENTO SOLA PERO FELIZ, SOLO QUE NO VEO EL MOMENTO DE QUE TODO ESTO TEMINE PARA PODER VOLVER A VER MI NIÑA, HABLAMOS CADA DIA POR HORAS POR TELEFONO, SOLO ESTAMOS ESPERANDO A QUE TODO ESTO TERMINE PARA QUE PUEDA VENIR ESTE VERANO AL IGUAL CON DILAYLA 20 AÑOS YA, Y ES TODA UNA ARTISTA DEL POP, CON MUCHAS GANAS DE TRIUNFAR ESTOY MUY ORGULLOSA DE ELLA, ES TODA UNA MUJER BELLA, YA SACO SU PRIMERA CANSION EN EL MUNDO DE LA MUSICA UNA VOZ DE ANGEL

YO LA VERDAD EN TODOS ESTOS AÑOS SIEMPRE SUPE QUE UN DIA ANIEL SE DARIA CUENTA DE TODO LO QUE HIZO Y DE TANTO DAÑO QUE NOS HIZO A LAS TRES QUE PROBLAMEMENTE FUE POR INFLUENCIA DE SU PADRE, O DE SU FAMILIA QUE ES LO QUE YO SIEMPRE E CREIDO QUE LO ACONSEJABAN MAL O POR LO QUE FUESE, EL NUNCA ME PIDIO PERDON POR TODO AQUELLO, PERO YO LO PERDONE A EL Y A TODOS,PERO SI PONGO EN ESTE LIBRO TODO LO QUE ME ISIREON PORQUE ES ALGO QUE AUNQUE SE PERDONE NO SE OLVIDA,NOS TRATAMOS CON MUCHO RESPETO MUTUAMENTE Y TAMBIEN DESPUES DE TODO EL PARECE HABER CAMBIADO Y NO PARECE SER EL MOUSTRO EN LO QUE UN DIA SE HABIA CONVERTIDO, PARECIA HABER MEJORADO BASTANTE Y LO DEMOSTRO MAS CUANDO AHORA POR FIN DESPUES DE TANTOS AÑOS LE DIJO A SU HIJA MI PEQUEÑA QUE PODIA VIVIR FINALMENTE CONMIGO,SI ESO ERA LO QUE ELLA QUERIA,ESA FUE UNA NOTICIA DE MUCHA FELICIDAD PARA MI Y PARA TODOS EN MI FAMILIA Y AMIGOS .

HOY DOMINDO 12 DE ABRIL 2020,
EN MEDIO DE ESTA CUARENTENA, EN MI CASA CON SALUD Y MUY POSITIVA CON MUCHO AMOR Y PASION POR MI TRABAJO,QUE AMO CADA DÍA MAS Y CON LOS PLANES QUE TENGO PARA EL FUTURO Y CON ESTE LIBRO QUE ES UNO DE MIS GRANDES SUEÑOS,QUE HACE AÑOS QUERIA TERMINAR Y ME DECIDI AHORA QUE TENGO EL TIEMPO Y EL CORAZON GRANDE PARA DECIDIRME A TERMINARLO ",HASTA QUE LLEGUE A TI" EL LIBRO DONDE LES CUENTO PARTE DE MI VIDA,AHORA CON EL QUE VOY HACER DESPUES DE ESTE,PARA PODER CONTARLES LO QUE VIENE PARA MI VIDA QUE ES GRANDE MUY GRANDE Y CON TODAS LAS IDEAS QUE TENGO PARA REALIZAR MIS SUEÑOS Y TODO LO QUIERO COMPARTIR CON TODOS.

SIEMPRE ME LEVANTO MUY TEMPRANO ESCUCHO MOTIVACIONES Y LE DOY GRACIAS AL UNIVERSO POR TODO LO QUE TENGO Y LO QUE VOY A TENER, TODOS LOS HUMANOS TENEMOS DEFECTOS LE AGRADESCO A EL PODER Y LA ENERGIA DE PODER CAMBIAR NUESTRAS VIDAS CON SOLO NUESTROS PENSAMIENTOS Y ACCIONES.

CAMBIANDO PARA MEJOR NO ODIAR A NADIE,NO CRITICAR A A NADIE NO QUEJARNOS,SOLO AGRADECER AL MUNDO POR LO QUE TENGO HOY,DAR AMOR AYUDAR AL PROJIMO CON AMOR Y HUMILDAD, TRATO DE SEGUIR MIS SUEÑOS QUE TODABIA FALTAN POR CUMPLIR MUCHOS DE ELLOS,PERO PRONTO SE CUMPLIRAN CON LA FUERZA DEL DIOS Y EL UNIVERSO AMEN.

HOY SEPTIEMBRE 20,2020 DIA DE RECOGER EL PRECIOSO VESTIDO QUE ME ESTABAN HACIENDO PARA LA PORTADA DE ESTE LIBRO .TENGO QUE CONTARLES LO QUE PASO ESTE DIA TAN BENDECIDO POR DIOS,PORQUE FUE UN DIA SUPER ESPECIAL PARA MI .

LA COSTURERA QUE ME HACE EL VESTIDO UNA BELLA Y MUY ESPIRITUAL, BUENA MUJER Y PERSONA DE ORIGEN COLOMBIANO DE MEDELLIN LUCIA MUÑOZ,UNA MUJER TAMBIEN SUFRIDA POR PROBLEMAS SIMILARES A LOS QUE PASE,MUY TRABAJADORA,VALIENTE Y EMPRENDEDORA, DESPUES DE UN MES DE TRABAJAR EN MI VESTIDO,ME LLAMA Y ME DICE VEN QUE YA ESTA LISTO,ESE DIA LO RECOJO ERA VIERNES,NO ME LO PROBE ALLI PORQUE YA ME HABIA HECHO TODO TIPO DE MEDIDAS Y EN LA ULTIMA PRUEBA ME HABIA QUEDADO PERFECTO,ALGO PASO ..LLEGO A CASA DESPUES DE TODO EL DIA HACIENDO GESTIONES CON MIS ESTILISTAS Y BELLOS AMIGOS,DAY DANG QUE FUE EL QUE ME MAQUILLO PARA LA FOTO DEL LIBRO Y LAZARO DIAZ QUE TAMBIEN AYUDO Y MUCHO PORQUE GRACIAS A ESTE ULTIMO MI VESTIDO ME LO ARRREGLAN DE UN FALLO A

ULTIMA HORA,PARECIERA QUE ALGO LE DECIA A EL QUE ME DIJERA, YUDITH PRUEBATE EL VESTIDO PARA VER COMO TE QUEDA,ERA VIERNES POR LA NOCHE Y YA ERA TARDE,YO ESTABA CANSADA, LE DIGO ESTOY CANZADA LACHY Y EL VESTIDO ADEMAS ME QUEDA PERFECTO YA ME LO HABIA PROBADO VARIAS VECES CON LUCIA LA COSTURERA HACÍA SOLO UN DIA,LE DECIA NO PARA QUE VOY A PROBARMELO OTRA VEZ . Y EL ME INCISTE, PRUEBATELO YUDITH ME DICE, PORQUE LA FOTO ES EL DOMINGO Y QUIERO VER COMO TE QUEDA PARA VER LOS DETALLES DEL MAQUILLAJE Y AYUDAR A DAY, ME LO REPITE COMO TRES VECES HASTA QUE ME CONVENCE Y ME LO PRUEBO,ME QUEDO SORPRENDIDA CUANDO ME LO PROBE ME QUEDABA SUPER GRANDE,NO ME LO PODIA CREER,ESTABA PERFECTO UN DIA ANTES CUANDO ME LO PROBE EN LA ULTIMA PRUEBA Y NOS TOMO A LOS TRES DE SORPRESA .

LLAMO A LUCIA A SU TELEFONO Y LE DIGO COMO PUDO PASAR ESTO,LE DIJE,ME DICE NO LO SE PERO PARESE QUE FUE POR EL VAPOR DE LA PLANCHA,ESTABA BIEN ANCHO,DABAMOS GRITOS DESPUES DE UN MES DE TRABAJO ELLA NO SABIA QUE HACER,PERO DIOS LA AYUDO Y ME DIJO QUE FUERA TEMPRANO EN LA MAÑANA PARA AREGLARLO,ME LEVANTE TEMPRANO COMO CADA DIA Y ALLI ESTUBE A LAS 10 DE LA MAÑANA,ELLA SU LUGAR DE COSTURA NOS SENTAMOS Y ENTRE LAS DOS EMPESAMOS A AREGLARLO,YO AYUDANDO EN LO QUE PODIA NO MUCHO PORQUE DE COSTURA SI NO SE MUCHO,LO TERMINA DE ARREGLAR CON LA IDEA QUE TUVO Y QUEDO MAS BELLO QUE ANTES, CUANDO ME LO PRUEBO PARA YA VER QUE ESTABA PERFECTO Y TERMINADO ..ME LLAMA GRACE MI PRQUEÑA POR VIDEO LLAMADA DESDE SUECIA CLARO,ELLA QUE ES LA RAZON POR LA QUE ESTE LIBRO SE A HECHO,ELLA LLAMA EN ESTE MOMENTO,NUNCA HABIA LLAMADO CUANDO

ESTABA EN LAS PRUEBAS DEL VESTIDO, ELLA SIEMPRE ME LLAMABA DIFERENTES HORAS DEL DIA PERO NUNCA CUANDO ESTABA EN ALGUNA PRUEBA DEL VESTIDO Y ESE DIA CUANDO LLAMA ME LO ESTABA PROBANDO Y TERMINADO, ME DICE,MAMA QUE BELLA Y ES TUYO ???? LE RESPONDO SI MI PRINCESA,ME DICE LO PUEDO VER CUANDO VALLA A VERTE?LE DIJE SI MI AMOR,LUCIA SE IMPRESIONO Y YO TAMBIEN FUE UN MOMENTO QUE NOS IMPRESIONO NOS ABRASAMOS LAS DOS Y LLORAMOS DE LA EMOCION,LA NIÑA COLGO EL TELEFONO Y LUCIA ME DICE ESTE LIBRO ESTA BENDECIDO POR DIOS,HASTA EL DIA ULTIMO ANTES DE LA FOTO FINAL PASARON COSAS COMO ESTAS,YA ESTABA LISTO COJO EL VESTIDO Y ME VOY A CASA,LLEGANDO A CASA ME LLAMA LUCIA Y ME DICE,QUE SE HABIAN QUEDADO DOS LAGRIGAS DE LOS BORDADOS DEL VESTIDO SIN PONER Y QUE NINGUNA DE LAS DOS NOS DIMOS CUENTA,NI YO NI ELLA LO VIMOS POR TODO ESE LUGAR HASTA QUE ME FUI,FUE MUY EXTRAÑO,Y ME DICE LUCIA QUE UNA VOZ LE DIJO QUE ME LAS DIERA Y QUE ESAS DOS ULTIMAS LAGRIMAS DEL VESTIDO SE LAS PUSIERA YO CON MIS MANOS,LE DIJE CLARO CORAZON YO LAS PONGO Y ASI LO ISE, RECOJI LAS LAGRIMAS BORDADAS Y SE LAS PUSE YO MISMA CUANDO LLEGUE A LA CASA .

FUE UN MOMENTO CON MUCHO SENTIMIENTO Y MUY EMOCIONANTE .

LUCIA MUÑOZ LA COSTURERA SIEMPRE ESTARA EN MI CORAZON .GRACIAS,GRACIAS,GRACIAS.

ESCRIBO ESTA PRIMERA PARTE DE MI VIDA PARA TODAS AQUELLAS PERSONAS QUE COMO YO ALLAN TENIDO UNA VIDA DESAFORTUNADA,CON TRISTESAS O SUFRIMIENTOS Y HUMILLACIONES,DESOLACION,QUE ALLAN VIVIDO LA MUERTE EN VIDA COMO LA VIVI YO,LES DIGO DESDE EL FONDO DE MI CORAZON Y DE MI ALMA QUE NUNCA PIERDAN LA FE Y LA ESPERAMZA, LA

FE MUEVE MONTAÑAS Y LA PERSEVERANCIA TE LLEVA A LO QUE QUIERAS EN LA VIDA,QUE SIEMPRE LUCHEN SIN DESCANZAR PARA LOGRAR TODOS LOS SUEÑOS, QUE NO DESCANCEN HASTA LOGRAR LO DECEADO O LO QUE TE LLEVA A LA FELICIDAD.

AHORA SOLO ESTOY ESPERANDO COMO AL IGUAL QUE A TODA LA HUMANIDAD, UNA VIDA DE AMOR, SALUD Y ABUNDANCIA CUANDO TODO ESTO TERMINE ESPERO TENER MI NIÑA A MI LADO AL MENOS POR UNOS MESES PARA VER SI LE GUSTA.

CUANDO TODO ESTO TERMINE LLEGARA LA EPOCA DORADA EN EL MUNDO QUE HACE MUCHOS AÑOS LA HUMANIDAD ESTA ESPERANDO.

CUANDO TODO ESTO TERMINE UNOS DE MIS SUEÑOS MAS QUERIDOS SE HARAN REALIDAD.

CUANDO TODO ESTO TERMINE TENDRE MUCHA SALUD, AMOR Y ABUNDANCIA.

ENTONCES ESCRIBIRE MI SEGÚNDO LIBRO Y LES CONTARE COMO LLEGUE Y COMO REALICE TODOS MIS SUEÑOS PASO POR PASO Y GRITARE CON MUCHA FUERZA SOY FELIZ,SOY AMOR SOY UNA MUJER TOTALMENTE EXITOZA Y LO COMPARTIRE CON TODOS ..Y AQUELLOS QUE LO DESEEN TANTO COMO LO DESEÓ YO .

PERO NUNCA OLVIDES:
LA PACIENCIA TIENE MÁS PODER QUE LA FUERZA
CON AMOR Y GRATITUD
YUDITH MARTINEZ.

ME ENTREGO EN CUERPO Y ALMA A TI UNIVERSO.
MAQUILLAJE:DAY DANG Y LAZARO DIAZ
PHOTOGRAFIA; THOMAS SCHMUKI
VESTUARIO; LUCIA MUÑOZ

Printed in the United States
By Bookmasters